# 中国公民出境（城市）旅游消费市场调查报告

（2015—2016）

世界旅游城市联合会　编著

北京出版集团公司
北京出版社

图书在版编目（CIP）数据

中国公民出境（城市）旅游消费市场调查报告．2015—2016 / 世界旅游城市联合会编著．— 北京：北京出版社，2016.12
ISBN 978-7-200-12711-9

Ⅰ.①中… Ⅱ.①世… Ⅲ.①旅游消费—旅游市场—市场调查—调查报告—世界—2015-2016 Ⅳ.①F591

中国版本图书馆CIP数据核字（2017）第000774号

## 中国公民出境（城市）
## 旅游消费市场调查报告（2015—2016）
ZHONGGUO GONGMIN CHUJING (CHENGSHI)
LÜYOU XIAOFEI SHICHANG DIAOCHA BAOGAO（2015—2016）

世界旅游城市联合会　编著

\*

北 京 出 版 集 团 公 司　出版
北 京 出 版 社

（北京北三环中路6号）
邮政编码：100120

网　　址：www.bph.com.cn
北 京 出 版 集 团 公 司 总 发 行
新 华 书 店 经 销
北京金康利印刷有限公司印刷

\*

185毫米×250毫米　16开本　6.75印张　50千字
2016年12月第1版　2016年12月第1次印刷
ISBN 978-7-200-12711-9
定价：68.00元
如有印装质量问题，由本社负责调换
质量监督电话：010-58572393

前言 ..................................................................................... 05

一、国际旅游和中国出境旅游发展概况 ........................... 11

　　（一）2015 年国际旅游发展概况 ............................... 11

　　（二）2015 年中国出境旅游发展概况 ....................... 11

二、中国出境游客群体特征 ............................................... 13

　　（一）他们来自哪里 ....................................................... 13

　　（二）他们去过哪里 ....................................................... 14

　　（三）未来他们去哪里 ................................................... 15

　　（四）他们的人文特征有哪些 ....................................... 17

　　（五）他们的旅游特征有哪些 ....................................... 20

三、中国游客境外旅游行为与习惯 ................................... 28

　　（一）出游前 ................................................................... 28

　　（二）出游中 ................................................................... 32

　　（三）出游后 ................................................................... 48

四、中国游客境外旅游需求 ............................................... 52

　　（一）信息查询 ............................................................... 52

（二）签证办理 ............................................. 53
（三）餐饮 ................................................. 54
（四）住宿 ................................................. 55
（五）交通出行 ............................................. 57
（六）游览 ................................................. 58
（七）购物 ................................................. 59
（八）娱乐 ................................................. 60
（九）支付方式 ............................................. 61

五、如何吸引中国出境游客 ....................................... 62
（一）目前哪些因素吸引他们 ................................. 62
（二）他们出游前担心什么 ................................... 63
（三）如何吸引他们 ......................................... 64

六、中国出境游客对主题旅游的兴趣 ............................... 71
（一）他们对各类主题旅游的兴趣 ............................. 71
（二）他们对邮轮旅游的兴趣 ................................. 72
（三）哪些游客对这些主题旅游感兴趣 ......................... 74

七、对中国旅游业态发展变化的探索性研究 ......................... 80

八、对境外旅游城市和相关旅游机构的建议 ......................... 82

附录 中国公民出境（城市）旅游消费市场调查项目问卷 ............. 84

# 前 言

**本次调查报告的主旨和重点**

世界旅游城市联合会（WTCF）和全球领先的市场研究机构——益普索（Ipsos）联合开展的中国公民出境（城市）旅游消费市场调查自2014年开始，每年按时发布市场调查报告，已历三载。每次报告在保持调查内容一贯性和连续性的基础上，不断增加调查项目、扩大调查覆盖人群，希望通过多视角、多维度的消费者调查，更好地把握中国出境旅游市场的发展趋势，系统全面地归纳和展现中国出境游客的消费习惯与行为以及发生的变化，为广大会员城市和机构会员提供有益于市场运作和服务改进、了解中国出境游客的相应参考。

本着"逐步了解市场的特点，激励中国游客的出境旅游爱好"的出发点，2016年度调查，联合会和益普索共同对研究内容和指标体系进行了梳理和优化，共设计133项调查项目，基于益普索固定样本库，并有效组织中国国际旅行社总社、中青旅集团、众信旅游、凯撒旅游等机构会员，结合线上线下的业务经营情况，面向过去一年有境外旅游经历的中国游客[1]开展调查，获取了11173份有效问卷，共同完成了《2016年度中国公民出境（城市）旅游消费市场调查报告》。本次报告呈现的结论均基于本次调查所获取的样本数据。

---

[1] 未包含仅有港澳台地区旅游经历的游客。

# 中国公民出境（城市）旅游消费市场调查报告
（2015—2016）

相较于以往的调查，2016年度调查更加注重实用性和指导性，既关注中国游客境外旅游消费行为习惯正在发生的变化，也关注市场业态的变化，以及它们相互之间关系的契合。2016年度调查从市场运作与发生效益的角度出发，探索中国游客在旅游信息获取、旅游产品预订、关注重点和消费行为习惯上的变化，突出中国公民出境旅游的强劲市场和潜力，向会员城市和机构会员展示在当今市场和业态快速发展的情况下，如何把握共享合作时机与机制，以更大的信心和能力开拓市场，保障旅游业的持续发展和广泛效益。

通过连续3年的跟踪调查，有以下惊喜发现：

### 1. 出境旅游已成为中国公民的生活习惯，全民旅游蔚然成风

本次调查显示，超过七成半的中国游客认为旅游是其生活质量和幸福指数提升的重要手段，更有1/3的中国游客认为旅游与恋爱婚姻、家庭财富、事业发展、学习教育、健康保障、子女成长等同等重要。

接受本次调查的中国出境游客中，超过七成的游客每年至少安排一次出境旅游，人均出境旅游经历达4.87次，过去一年平均去过3~4个境外城市。客源地更加分散，目的地选择范围更加广泛，旅游产品的选择更加多样化。对于频繁出游的游客而言，旅游已成为一种习惯，成为必要的生活补充和调节剂。

### 2. 出境旅游逐渐回归旅游的本源

本次调查显示，中国游客境外旅游不再只是走马观花式的游览和热衷于购物，

随着出境次数的增加和旅游意识的提高，中国游客境外旅游逐渐回归旅游的本源，更加注重对目的地特有的自然和人文的深度体验。

无论是在餐饮上，还是在游览上，甚至在娱乐上，中国出境游客的关注点不再局限于是否有中文标识、中文服务的提供，而是关注于是否可以切身感受到绚烂多彩的特色文化，他们希望更多地体验当地的美食与服务，欣赏独特的自然风光和历史遗迹。再次旅游时，超过一半的中国游客均表示会增加旅游天数。

**3. 中国游客境外消费更加理性，更加注重旅游品质**

本次调查显示，中国游客出境旅游前，会花较长的时间，通过多种渠道进行信息查询，提高对旅游目的地的了解，提升旅游体验度。他们在出发前会制定消费预算，拟定购物清单，更加关注商品的性价比。中国游客在境外旅游时，普遍会选择自费项目，丰富旅游体验；自由行时，会考虑聘请伴游或向导，会选择旅游景点或交通枢纽附近的高档酒店，便捷舒适、服务有保障是他们的主要选择。

**4. 中国游客旅游安全意识愈发提高，注重防范旅游风险**

本次调查显示，随着中国游客境外旅游经历的丰富，中国游客越来越注重防范旅游过程中可能遇到的风险，旅游安全意识进一步提高。超过九成的中国出境游客会购买境外旅游保险，特别值得关注的是，中国游客自行购买意外赔付险、旅行意外健康和医疗救助险种的比例大幅提高，分别由38.7%提高至49.81%、11.53%提高至22.57%。

中国公民出境（城市）
**旅游消费市场调查报告**
（2015—2016）

**5. 渠道信息优势凸显，线上旅游已成为中国游客境外旅游的重要组成部分**

互联网对中国出境游客的旅游行为产生深刻的影响，体现在境外旅游的方方面面。本次调查显示，中国游客习惯通过搜索引擎进入旅行社官方网站/旅游网站获取相关旅游资讯；通讨线上渠道预订旅行团；通过互联网搜索引擎、旅游网站获取餐饮信息；通过旅行社官方网站/旅游网站、旅行社/旅游APP预订系统、电商网站预订酒店、机票以及购买景点和娱乐场所的门票；通过微信朋友圈分享传播旅游经历。

通过3年的连续调查，联合会积累了丰富的中国游客境外旅游消费行为与习惯的数据。联合会愿意在会员城市和机构会员提出需求的情况下，给予分享和使用。

**中国公民出境旅游的增长趋势将长期不会减弱**

中国出境旅游是否会长期保持强劲的增长趋势，是全球旅游业另一个关注的焦点。本次调查，联合会和益普索运用了大数据信息系统和相关方面的研究，并根据问卷有关栏目的数据，希望从多方面更好地加以诠释，给业内提供参考。

中华人民共和国自1949年成立以来，经过60多年的和平建设，长期致力于高积累、高投入的经济发展。一轮又一轮的工业化和基础设施的建设，特别是改革开放以来，使得已经门类齐全的设备制造产业和数量庞大的产品生产供应体系成为世界工厂。其生产能力达到饱和状态，社会逐渐进入后工业化阶段，消费成为拉动市场的主力。

尽管部分地区还存在贫困人口,但无可置疑的是,社会财富已经出现大量沉淀。如何将剩余财富和资产转变为资本,保持增值与增量,成为社会新的普遍关注点。这些新的关注点不可避免地转移到资产类、教育类、生命与健康保障类等社会新兴的服务类产业中,其中资产类产业通过各种市场手段,表现最为强劲。当房地产类的高额超能支出投入成为广大人群的无奈时,财富积累向旅游消费、生命健康保障转移终将是人们的另一选择。世界旅游业的各项研究表明,资产类的价格上扬与旅游人数的大幅度增加是密切相关的。

交流广泛而见多识广,缺乏交流而懵懂闭塞,两者的差别显而易见,中国人也有着深切的体会。中国公民通过旅游增知广闻和求学受教,永远是一代接一代的不息追求。中国公民旅游消费行为与习惯会发生各种变化,但旅游规模化的增长却有着不可逆转的趋势。

当今世界,人们普遍关注全球范围内的和平与可持续发展,关注人与自然的和谐共生,关注生活质量和身心健康,关注历史的一脉传承和人文品质的永续。旅游业正是一项关乎人们生活质量和人与人之间和平友谊的事业,必然成为国民经济持续发展的支柱型产业。

旅游业的定义和规模化发展模式已经远远不同于我们以往的固有认知。旅游业已经发展成为经营模式变化快、与市场结合广、跨界潜能大的大产业。世界各国纷

### 中国公民出境（城市）
# 旅游消费市场调查报告
（2015—2016）

  纷强调自然资源的充分利用与开发、社会基础建设的配套与完善，将旅游业发展定位为社会化、生态化、环保化、大众化与品质化，这充分迎合了人们的期许，符合人们追求旅游和生活的潮流。旅游业向纵深的规模发展已经成为经济可持续性发展的有效增长点。

  互联网与移动互联网技术的快速更新与推广使用，大大加速了旅游产业的资源整合和规模化发展。业态的变化与发展是不会停顿止息的，我们期待，世界旅游业在全球和平与发展的大趋势下将会持续有序地发展。

  本次报告我们将调查问卷的样表登载在附录上，以资参考和佐证。

  最后，再次向协助2016年度调查工作开展的所有人们，致以崇高的敬意和诚挚的感谢！

# 一、国际旅游和中国出境旅游发展概况

## （一）2015年国际旅游发展概况[1]

2015年，全球国际游客人数达11.84亿人次，相较2014年增长了4.4%，从2010年开始，连续6年呈现4%或以上的增长。欧洲、美洲和亚太地区的国际游客数量均保持大约5%的增长率，中东地区增长速度为3%，非洲则出现3%左右的下降。

2015年，全球游客的海外花费达到1.26万亿美元（约合人民币8.18万亿元[2]），占全年出口总额的7%。

2015年，旅游和旅行对全球GDP直接贡献为2.2万亿美元（约合人民币14.29万亿元）；对全球GDP综合贡献为7.2万亿美元（约合人民币46.76万亿元），占全球GDP总量的9.8%；旅游业直接产生了超过1.07亿个就业岗位。

## （二）2015年中国出境旅游发展概况

2015年，中国出境游客达1.2亿人次，同比增长10.09%。中国游客境外消费总额达2150亿美元（约合人民币1.40万亿元），同比增长30.3%。

同样值得关注的是，2015年中国国内旅游突破40亿人次，同比增长约10%；其中自由行人群高达32亿人次。旅游收入超过4万亿人民币，同比增长约19%。

中国依然是世界最大的出境旅游市场和最大的出境旅游消费国。根据相关数据显示，最近5年中国出境旅游人数的年复合增长率达到了20%，在全球经济增长放缓的背景下，中国出境游客对世界旅游市场的发展功不可没。随着中国居民可支配收入和

---

[1] 数据来源：UNWTO Annual Report 2015, UNWTO Tourism Highlights 2016 Edition, 2016 Economic Impact Annual Update Summary。
[2] 采用中国银行2016年1月1日汇率（美元：人民币 1：6.494）。

# 中国公民出境（城市）
## 旅游消费市场调查报告
（2015—2016）

出游经历的增多，中国对世界旅游业的贡献将越来越显著。

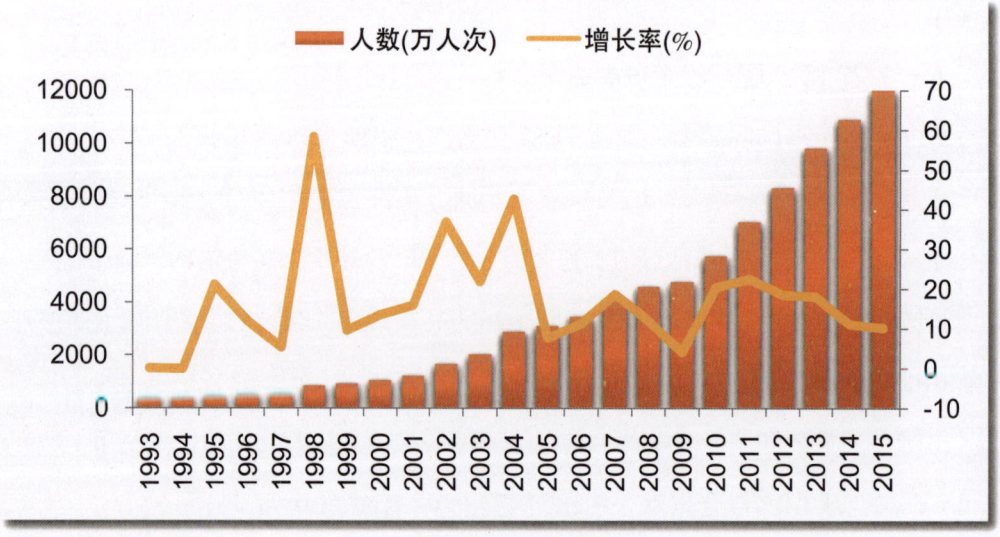

图1 中国出境游客人数

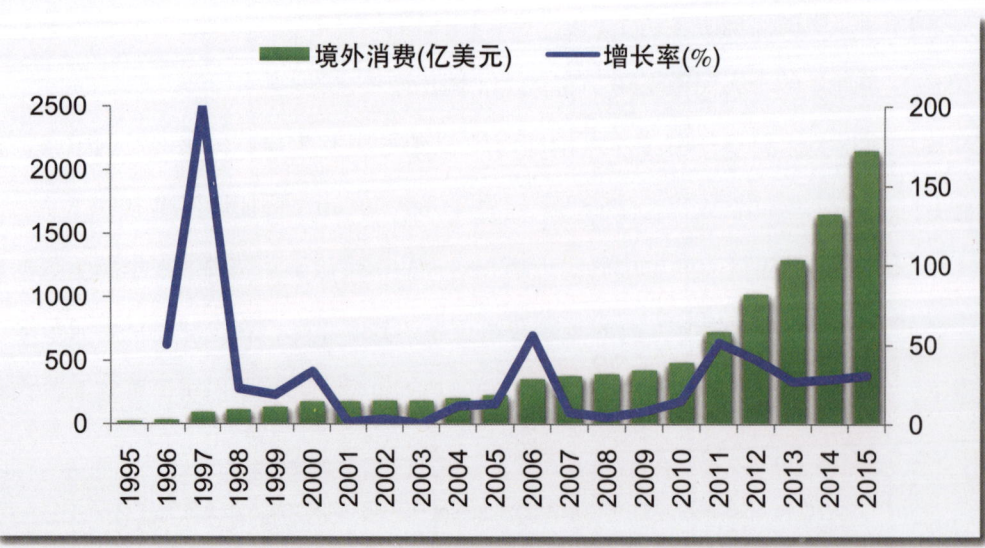

图2 中国游客境外消费

## 二、中国出境游客群体特征

### （一）他们来自哪里

本次调查显示，中国出境游客客源地更加分散。北京、上海、浙江、广东和江苏等省（市）输出出境游客最多；天津、辽宁、山东、河北等环渤海省（市）和四川次之。相较于2014—2015年，各省、区、市出境游客人数均呈现增长趋势，其中来自浙江的游客增量明显，在连续3年的调查中首次超过广东。

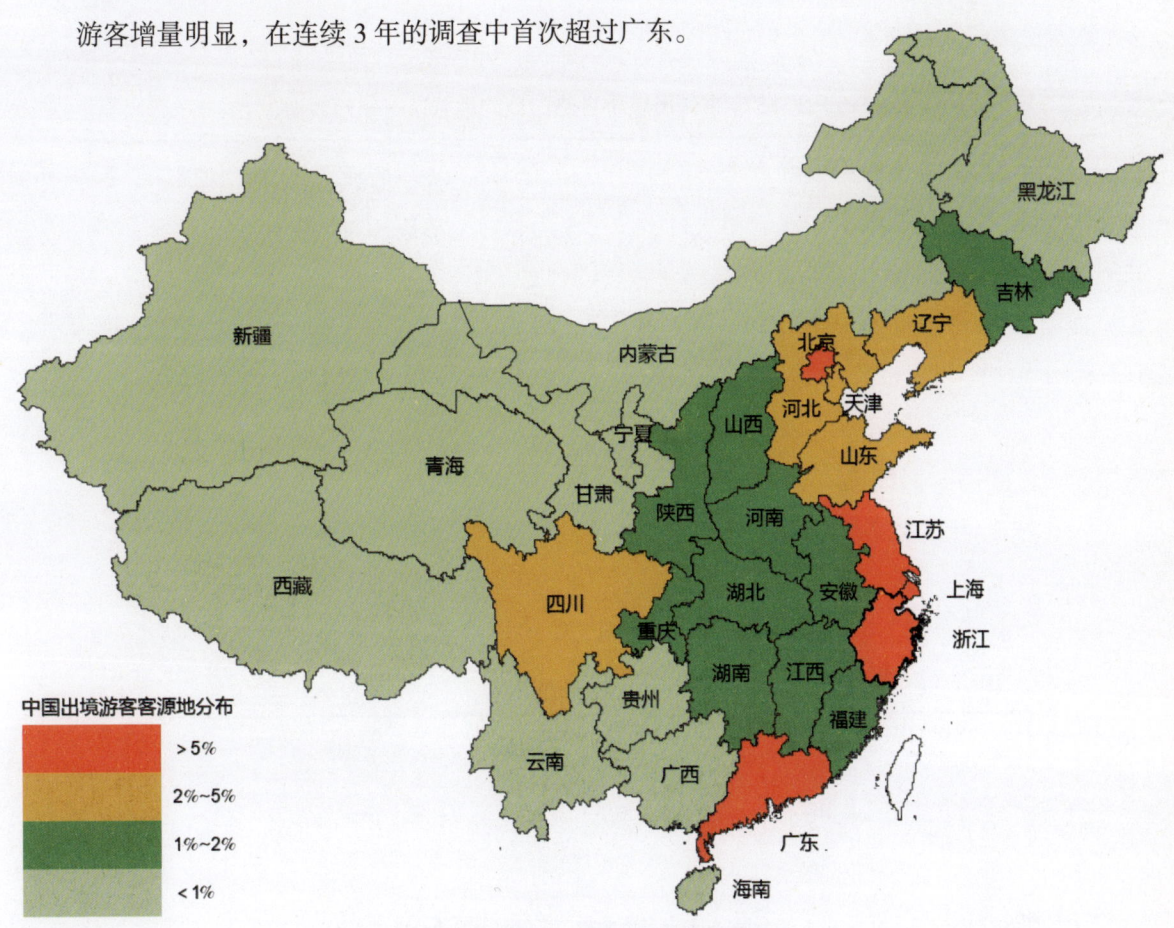

图3 中国出境游客客源地分布

# 中国公民出境（城市）旅游消费市场调查报告
## （2015—2016）

### （二）他们去过哪里[1]

本次调查显示，2015—2016年间，中国游客的身影遍布全球各地。日本、韩国、泰国、新加坡、英国、法国、德国、意大利、美国、澳大利亚等国家是中国游客出境旅游热门目的地，前往美国、日本、韩国、英国等国家的中国游客增量尤为突出。

短线游城市中，最受中国出境游客欢迎的10个旅游城市是东京、首尔、曼谷、大阪、济州岛、名古屋、芭提雅、新加坡、仁川和釜山。长线游城市中，最受中国出境游客欢迎的10个旅游城市是巴黎、罗马、洛杉矶、悉尼、伦敦、威尼斯、华盛顿、纽约、佛罗伦萨和法兰克福。

表1 2015—2016年中国出境游客热门目的地城市——短线游

| 序号 | 短线游城市 | 序号 | 短线游城市 |
| --- | --- | --- | --- |
| 1 | 东京（日本） | 11 | 清迈（泰国） |
| 2 | 首尔（韩国） | 12 | 福冈（日本） |
| 3 | 曼谷（泰国） | 13 | 奈良（日本） |
| 4 | 大阪（日本） | 14 | 神户（日本） |
| 5 | 济州岛（韩国） | 15 | 吉隆坡（马来西亚） |
| 6 | 名古屋（日本） | 16 | 札幌（日本） |
| 7 | 芭提雅（泰国） | 17 | 冲绳（日本） |
| 8 | 新加坡（新加坡） | 18 | 吴哥（柬埔寨） |
| 9 | 仁川（韩国） | 19 | 马六甲（马来西亚） |
| 10 | 釜山（韩国） | 20 | 马尔代夫 |

---

[1] 本次调查未包含过去一年仅有港澳台地区旅游经历的游客，也未包含港澳台地区数据。

表2　2015—2016年中国出境游客热门目的地城市——长线游

| 序号 | 长线游城市 | 序号 | 长线游城市 |
| --- | --- | --- | --- |
| 1 | 巴黎（法国） | 11 | 米兰（意大利） |
| 2 | 罗马（意大利） | 12 | 旧金山（美国） |
| 3 | 洛杉矶（美国） | 13 | 比萨（意大利） |
| 4 | 悉尼（澳大利亚） | 14 | 墨尔本（澳大利亚） |
| 5 | 伦敦（英国） | 15 | 布里斯班（澳大利亚） |
| 6 | 威尼斯（意大利） | 16 | 慕尼黑（德国） |
| 7 | 华盛顿（美国） | 17 | 日内瓦（瑞士） |
| 8 | 纽约（美国） | 18 | 爱丁堡（英国） |
| 9 | 佛罗伦萨（意大利） | 19 | 柏林（德国） |
| 10 | 法兰克福（德国） | 20 | 凯恩斯（澳大利亚） |

### （三）未来他们去哪里

本次调查显示，中国游客再次出境旅游时，亚洲是首选，其次为欧洲，分别有接近八成和一半的游客会选择以上地区。接近1/4的中国游客会选择美洲，选择大洋洲的中国游客也接近两成，选择非洲的中国游客相对较少，不到一成。

具体到短线游城市，东京、首尔、名古屋、曼谷、大阪、济州岛和神户是中国游客再次出境旅游时的热门选择城市。长线游城市中，再次出境旅游时选择伦敦的中国游客明显增多，其次为巴黎、悉尼、纽约、洛杉矶、雅典和墨尔本等城市。

> 贴士：
> 　　再次出境旅游时，80后更多会选择日韩城市，70后更多选择东南亚城市，60后更多选择西欧、美国城市，50后更多选择中东欧、俄罗斯、美加和澳新城市。

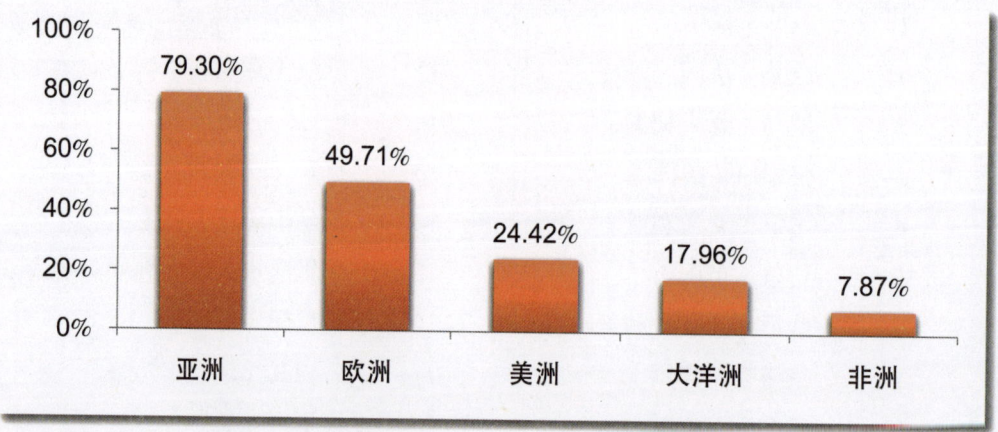

图4 中国游客再次出境旅游时的目的地偏好

表3 中国出境游客再次旅游热门目的地城市

| 序号 | 短线游城市 | 序号 | 长线游城市 |
| --- | --- | --- | --- |
| 1 | 东京(日本) | 1 | 伦敦(英国) |
| 2 | 首尔(韩国) | 2 | 巴黎(法国) |
| 3 | 名古屋(日本) | 3 | 悉尼(澳大利亚) |
| 4 | 曼谷(泰国) | 4 | 纽约(美国) |
| 5 | 大阪(日本) | 5 | 洛杉矶(美国) |
| 6 | 济州岛(韩国) | 6 | 雅典(希腊) |
| 7 | 神户(日本) | 7 | 墨尔本(澳大利亚) |
| 8 | 清迈(泰国) | 8 | 日内瓦(瑞士) |
| 9 | 釜山(韩国) | 9 | 华盛顿(美国) |
| 10 | 新加坡(新加坡) | 10 | 罗马(意大利) |

## （四）他们的人文特征有哪些

本次调查显示，中国出境游客平均年龄为35~36岁，女性增加较多，学历较高（多为本科及以上），收入较高（个人月收入平均约为12528元人民币，家庭月收入平均约为19600元人民币），多数已婚有小孩，多数掌握一门外语。

80后、70后是中国出境游客的主体，占比超过七成。这部分游客多数处于"上有父母、下有小孩"的人生与家庭的幸福期，热衷于亲子游、家庭游和邮轮游。旅游是他们陪伴父母享受天伦之乐、陪伴小孩认识世界的最好方式，旅游出行的选择轻松随意。

60后、50后占比约为一成半。这部分游客旅游经历丰富，业余时间较多，"既有钱又有闲"，热衷于邮轮游和家庭游，旅游出行是他们对生活的最大期盼。

90后占比约一成。这部分游客单身居多，步入社会时间较短或还未步入社会，对世界充满好奇，乐于通过旅游探索世界，热衷于蜜月游和邮轮游。单身游客出行时间短，近程旅游多。

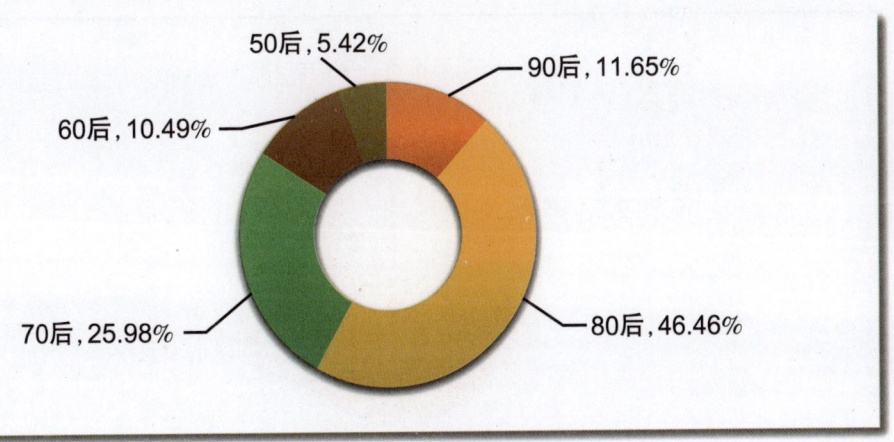

图5 中国出境游客年龄分布

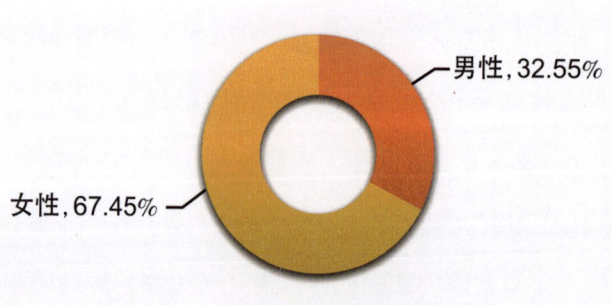

图6 中国出境游客性别分布

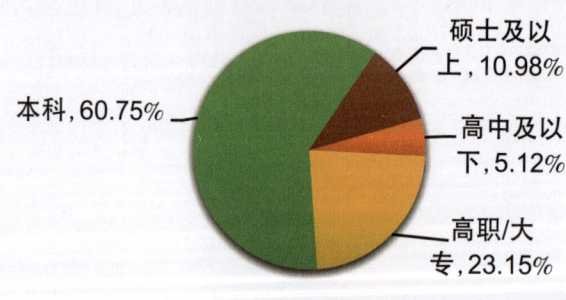

图7 中国出境游客学历分布

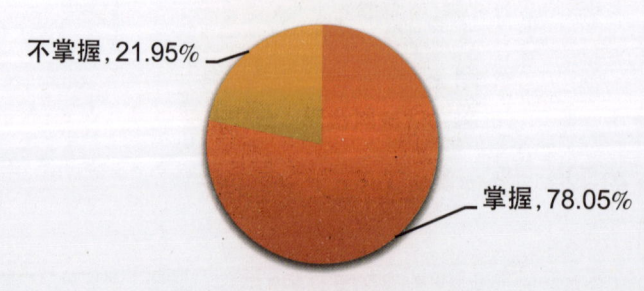

图8 中国出境游客外语掌握情况

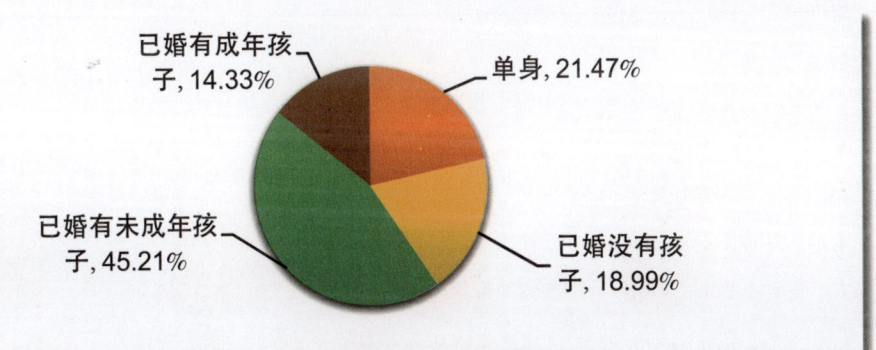

图 9 中国出境游客婚姻及家庭情况

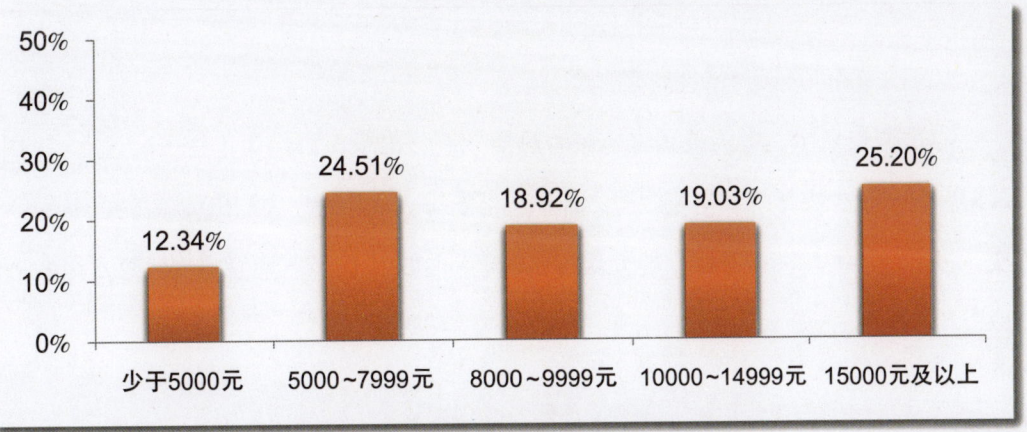

图 10 中国出境游客个人月收入情况（人民币）

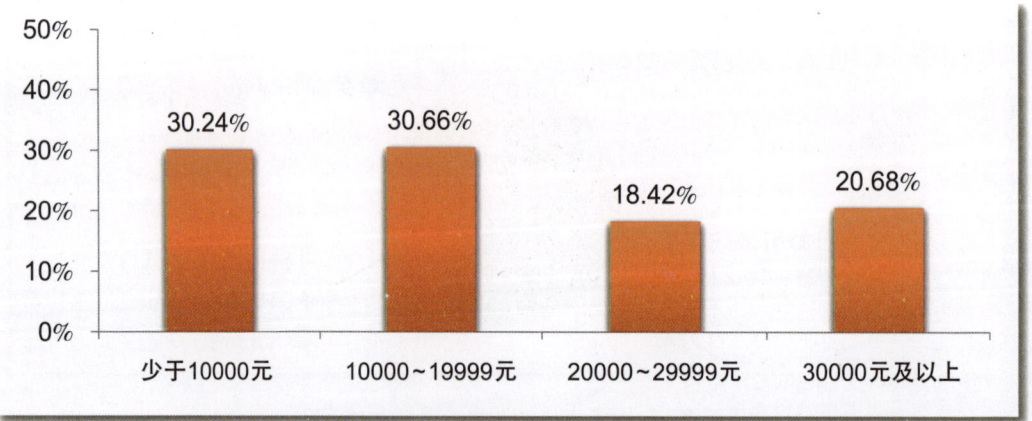

图 11 中国出境游客家庭月收入情况（人民币）

### （五）他们的旅游特征有哪些

本次调查显示，中国游客出境旅游热情较高，出境旅游经历丰富。超过七成的中国游客每年至少安排一次出境旅游，有些甚至安排多次旅游。人均出境旅游经历达4.87次，过去一年平均去过3~4个境外城市。接近一半的中国游客愿意将生活总支出的1/5以上用于旅游。

> 贴士：
> 　　女性游客，36~45岁游客，月收入在20000元人民币以上的游客每年安排多次出境旅游的比例更高。

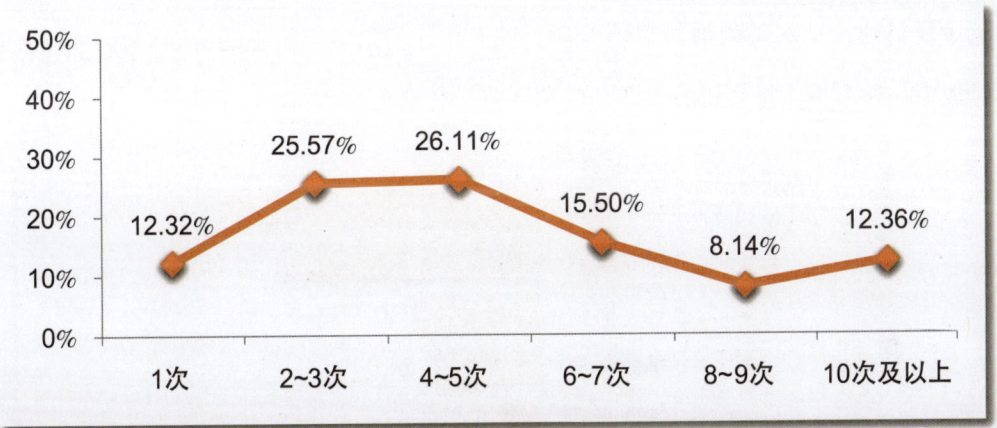

图 12 中国出境游客境外旅游经历

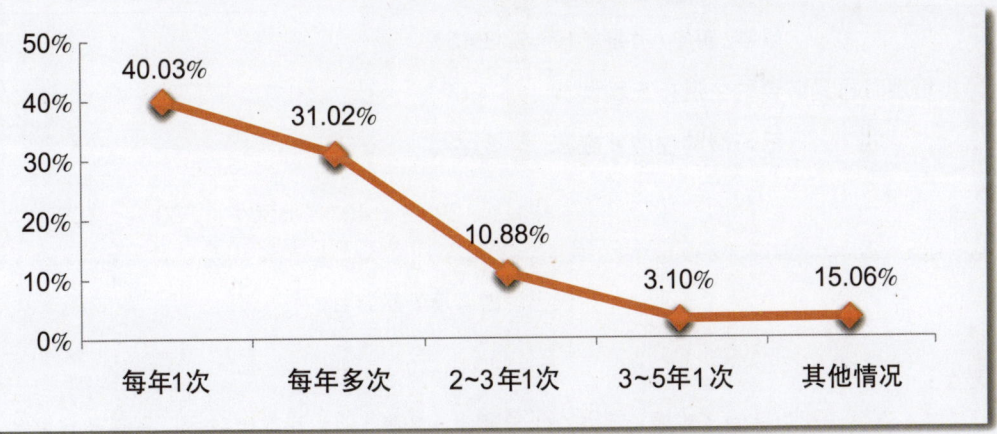

图 13 中国出境游客境外旅游频次

# 中国公民出境（城市）
## 旅游消费市场调查报告
（2015—2016）

    中国游客出境旅游同时兼顾多个目的。旅游/观光、休闲/度假是中国游客出境旅游的主要目的，其次是购物与享受美食。对于部分频繁出境旅游的游客而言，出境旅游已成为一种习惯，是必要的生活补充和调节，特别是50后和60后游客。

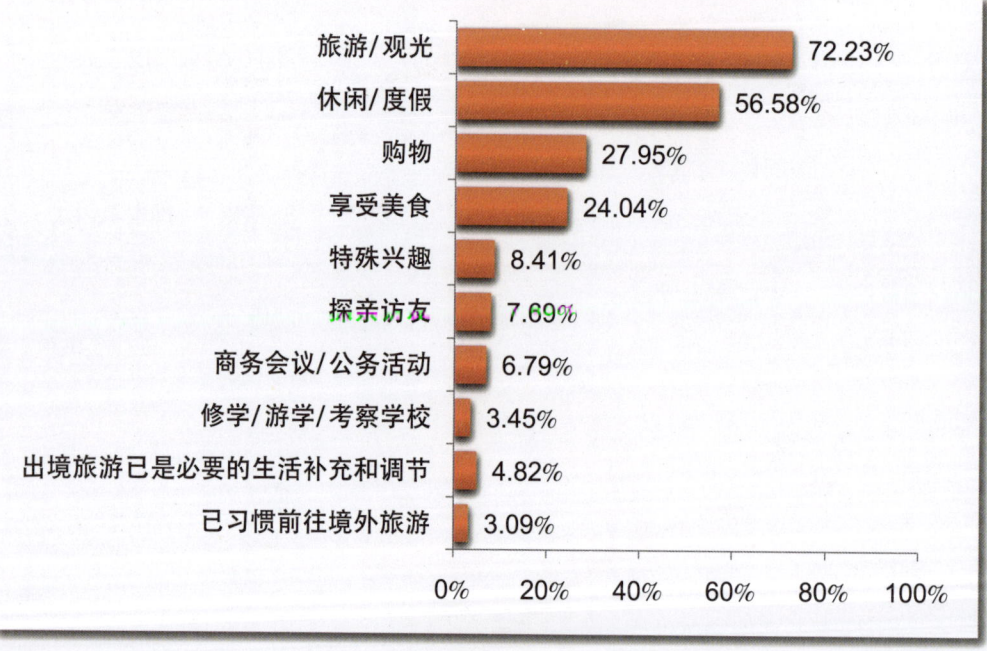

图14 中国出境游客境外旅游目的

贴士：
  1. 女性游客更多为了旅游/观光、休闲聚会/度假、购物和享受美食，男性游客更多为了商务会议/公务活动、考察学校。
  2. 60后游客更多为了旅游/观光，70后、80后游客更多为了休闲/度假和购物，90后游客更多为了修学/游学/考察学校。
  3. 月收入超过10000元人民币的游客、出境旅游频繁的游客更多为了休闲/度假。
  4. 相较于整体，前往日韩城市的中国游客更多为了旅游/观光、休闲/度假、购物和享受美食；前往东南亚城市的中国游客更多为了休闲/度假、商务会议/公务活动、美食和特殊兴趣；前往非洲城市的中国游客更多为了特殊兴趣、商务会议/公务活动。

本次调查显示，法定节假日依然是中国出境游客选择最多的出游时间，但年假出游也增长明显。法定节假日中，休息时间均为7天的春节和国庆假期游客出游最多。年假也日益成为中国游客出境旅游的选择，接近六成的中国游客表示年假会用来出境旅游，超过其他各类休假方式的总和。相较于2014—2015年间，过去一年选择年假出游的游客增长明显，达到36.54%。约四成半的中国游客表示会额外请假以延长假期时间前往境外旅游。

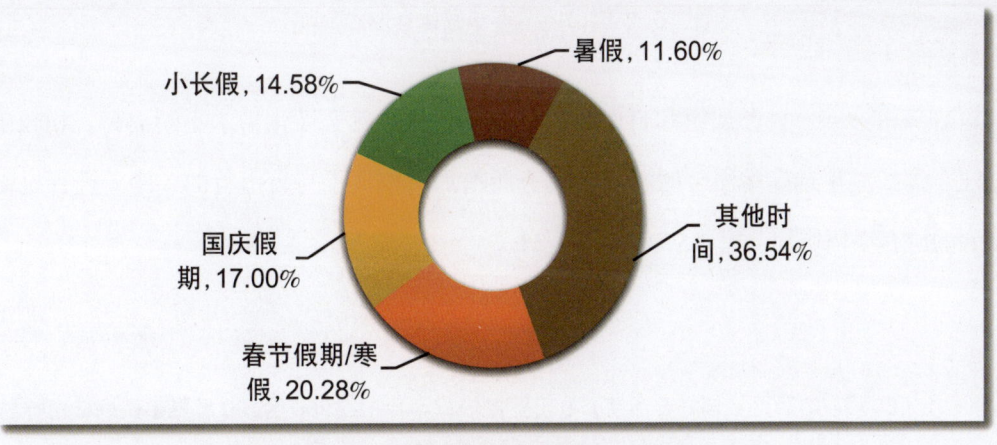

图15 中国出境游客旅游时间的选择[1]

---

[1] 春节假期（7天，1月或2月），国庆假期（7天，10月），暑假（7、8月），小长假多由中国传统节假日与周末组合而成，时长为3天，包括清明节假期（4月）、端午节假期（6月）、中秋节假期（9月）以及劳动节假期（5月）。

# 中国公民出境（城市）
## 旅游消费市场调查报告
（2015—2016）

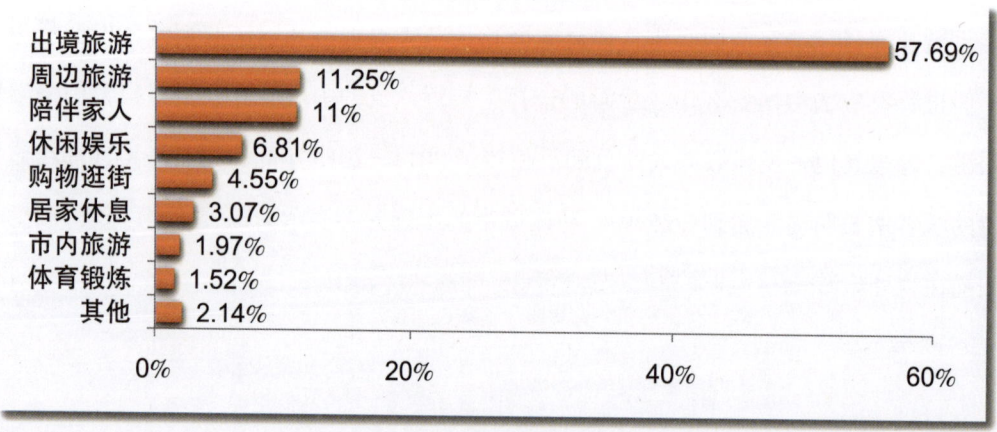

图16 中国出境游客年假休息形式

在旅游形式上，参团游和自由行仍是主流选择，且个性化需求不断提高。相较于以往，过去一年选择参团游的游客占比有所增加，拉大了与自由行的差距。选择定制旅游的游客小幅增加，由1.57%增加至3%。

贴士：
1. 50后、60后更多偏好参团游，70后更多偏好半自由行，80后、90后更多偏好自由行。
2. 月收入超过20000元人民币的游客更多偏好自由行和定制旅游。
3. 频繁出境旅游的游客更多偏好自由行。

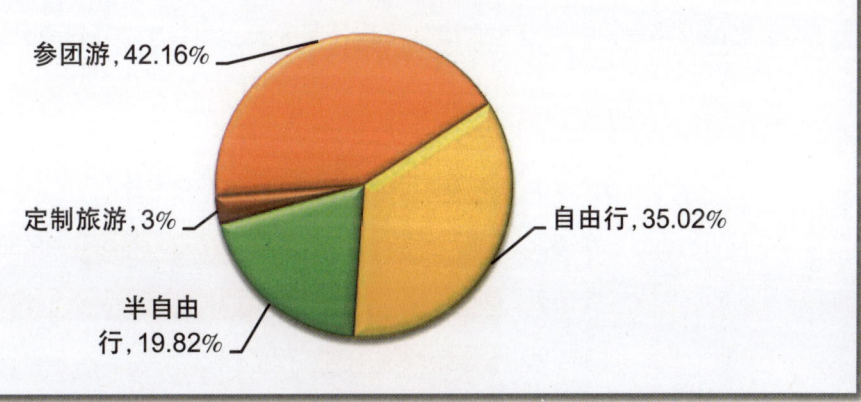

图 17 中国出境游客旅游形式

中国游客出境旅游喜欢结伴而行,家人、朋友是最多选择。同行人数多为3人,超过六成与家人同行,超过四成与朋友同行。

贴士:
　　男性游客更多选择与同事或"驴友"同行。80后、90后更多选择与密友同行。50后、60后更多选择与家人同行。

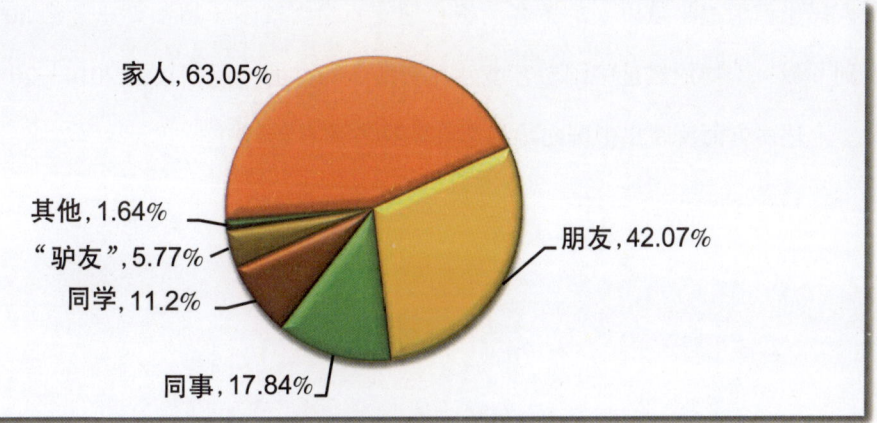

图 18 中国出境游客同行选择

# 中国公民出境（城市）
## 旅游消费市场调查报告
（2015—2016）

不包含往返路程，中国游客在境外平均停留 8 天，相较于 2014—2015 年增加 2 天。

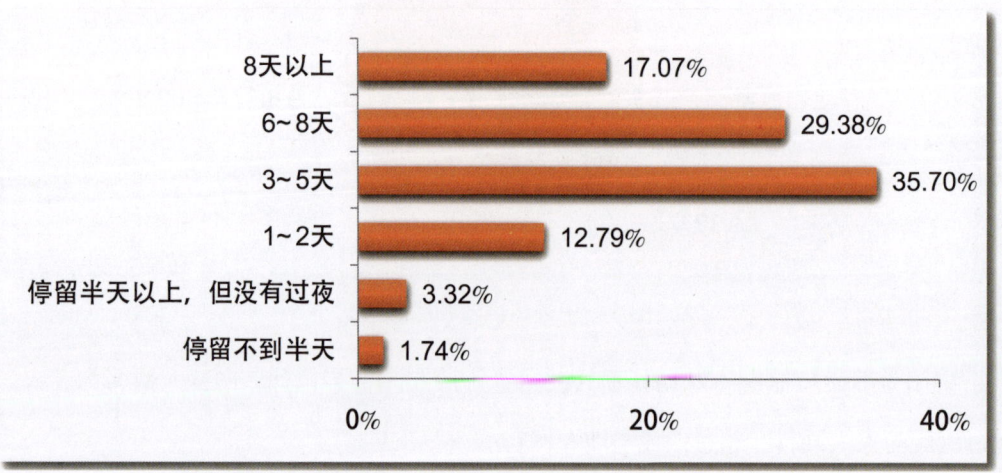

图 19　中国出境游客境外停留时间

中国游客前往境外时，绝大多数会制定消费预算，实际消费时略有超支。参与本次调查的游客中，参团游游客平均花费 15400 元人民币，自由行游客平均花费 23139 元人民币。超过半数以上的游客消费会超支，超支较多（超预算总金额 50% 以上）的不到一成；购物依然是中国游客境外花费最多的方面，但相较于 2014—2015 年有所下降。上述两方面反映出中国出境游客在购物方面日趋理性。

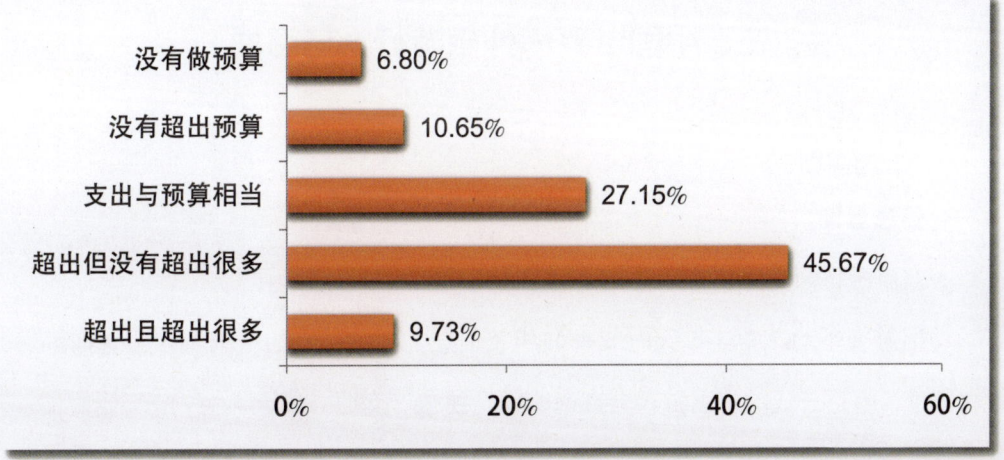

图 20 中国出境游客境外消费超支情况

## 三、中国游客境外旅游行为与习惯

### （一）出游前

#### 1. 信息查询

查询旅游目的地的相关信息是中国游客出境前的"必选动作"。

中国游客平均花费 4~5 天时间查询相关信息。超过一半的中国游客会查询景点、餐饮信息，超过三成的中国游客会查询购物、住宿、交通、风土人情/节庆等信息。查询景点信息花费时间最多，其次为购物、交通和餐饮信息。中国游客在查询景点信息时，偏重于哪些景点不可错过，以及这些景点的历史背景。"金樽清酒斗十千，玉盘珍羞直万钱"，对于高收入人群，知名的餐饮场所也是信息查询时的重点。

目的地城市名称、景点名称、旅游路线和攻略、游记是中国游客查询信息时使用最多的搜索关键词，其次为购物、美食、景点类型等。

---

贴士：

1. 80后、90后更多查询餐饮、住宿和交通信息，50后、60后和70后更多查询历史信息，另外，50后和60后还会更多地查询安全信息。

2. 选择定制旅游的游客更多关注景点、风土人情/节庆、娱乐、历史、重大活动和安全信息。

3. 收入越高，对信息的关注度也越高。月收入超过20000元人民币的游客对各类信息的关注程度均超过其他人群。

4. 频繁出境旅游的游客对信息的关注度明显高于其他游客。

5. 自由行游客对信息的关注度明显高于参团游游客。

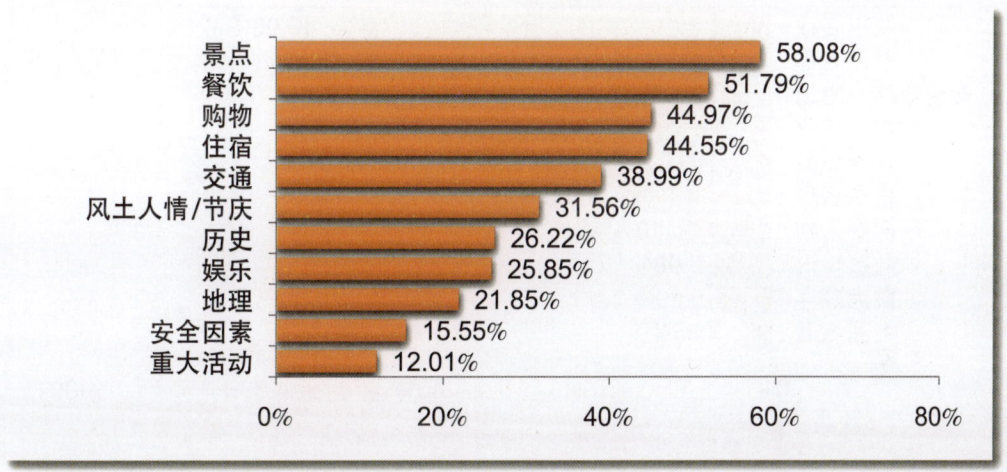

图 21 中国出境游客信息查询种类

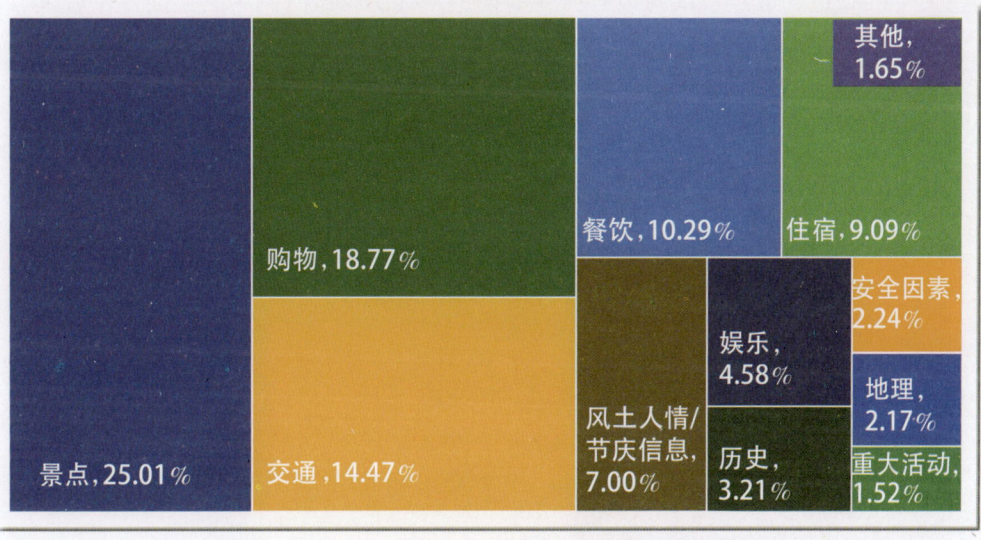

图 22 中国出境游客查询时间花费最多的信息

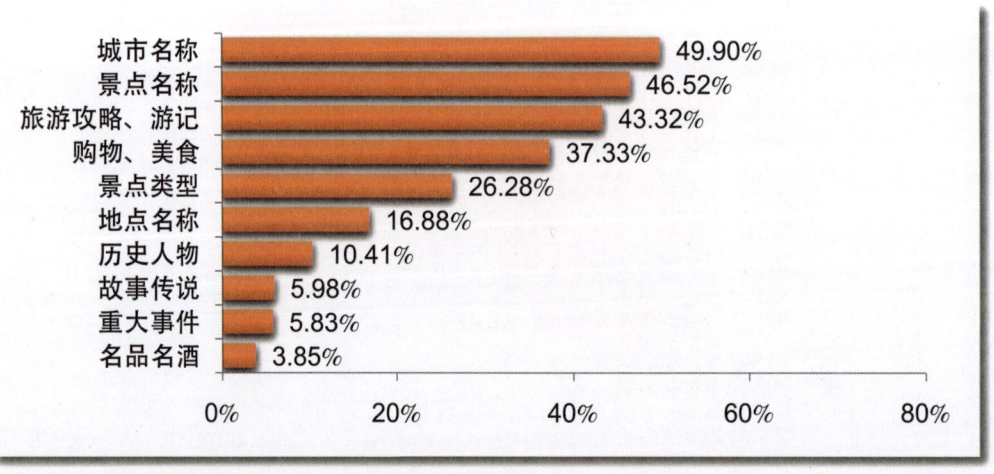

图23 中国出境游客信息查询关键词

中国游客平均使用2~3个渠道查询相关信息,旅行社门市或网站是中国游客获取信息最多的渠道,也是被认为最有帮助的渠道,其次为旅游网站、亲朋好友咨询。多渠道查询信息的特征明显,反映出多数渠道均不能提供比较完整的旅游资讯,综合性不强、内容不完整、吸引力导入性不足。

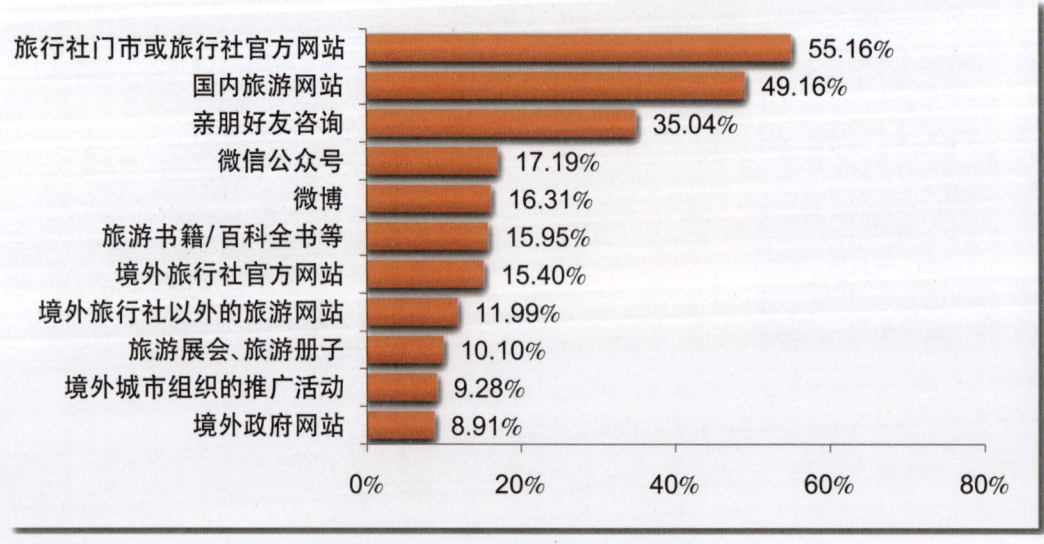

图24 中国出境游客获取信息的渠道

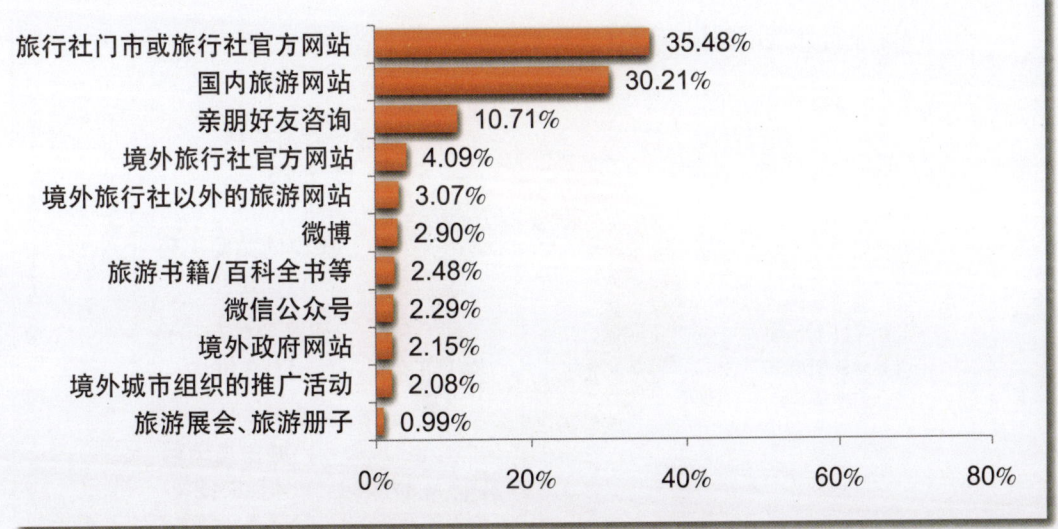

图 25 中国出境游客认为最有帮助的渠道

## 2. 旅行团预订

本次调查显示，在旅行团的预订上，通过线下或线上渠道几乎平分秋色。49.95%的中国出境游客选择旅行社门市预订旅行团，44.58%的游客则通过各种线上方式预订。旅行社官方网站和旅游网站是中国游客选择最多的线上渠道。

> 贴士：
> 1. 50 后、60 后更多选择线下渠道。
> 2. 70 后、80 后和 90 后，月收入超过 20000 元人民币的游客，频繁出游的游客更多选择线上渠道。

中国国际旅行社是中国出境游客选择最多的旅行社，其次为携程旅行。

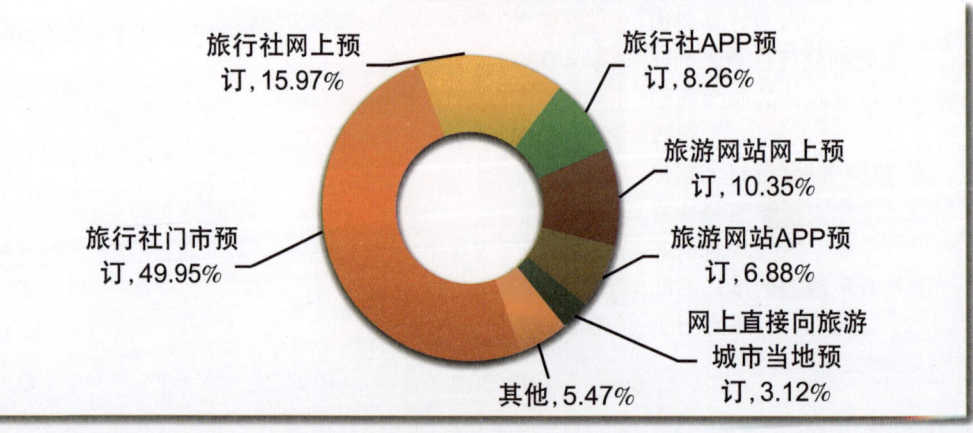

图 26　中国出境游客旅行团预订渠道

## （二）出游中

### 1. 餐饮

餐饮体验越来越受到中国游客的关注，已成为旅游的重要内容之一。体验当地特色饮食是中国游客境外旅行时在餐饮方面的最大特征，包括知名餐厅、特色菜肴和特色服务。超过六成的游客选择当地餐，超过一半的游客选择特色餐。

> 贴士：
> 　　50后、60后更多选择中餐，80后更多选择当地餐、特色餐和知名餐饮，70后更多选择西餐和自助餐。中国游客在日韩城市更多选择当地餐，在东南亚城市和欧美城市更多选择特色餐，在非洲城市更多选择自助餐。

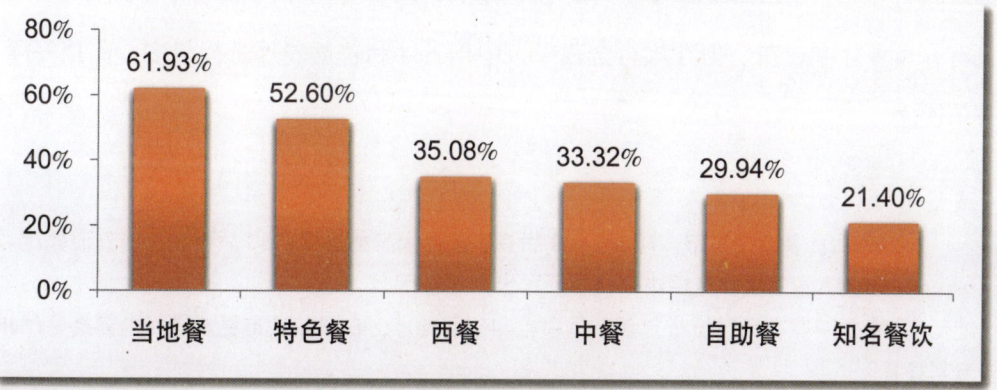

图 27 中国出境游客餐饮选择情况

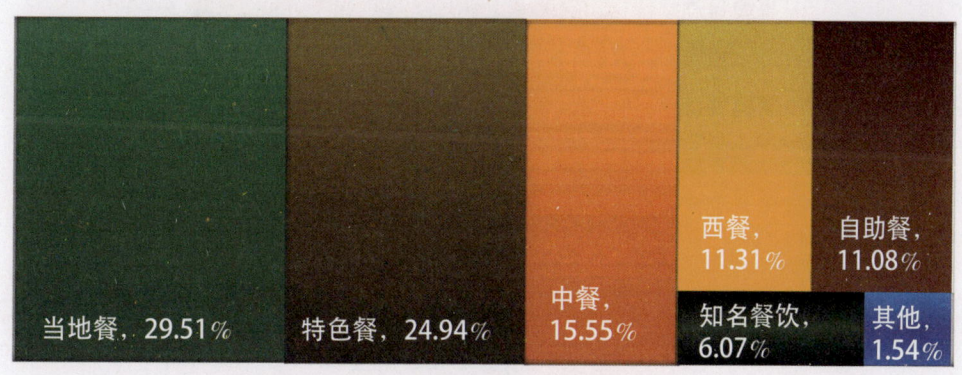

图 28 中国出境游客最喜欢的餐饮类型

# 中国公民出境（城市）旅游消费市场调查报告
（2015—2016）

调查显示，中国出境游客在就餐地点上选择多样，既有高档餐厅、米其林[1]餐厅，也有普通餐厅和夜市。但在旅行全程中，中档餐厅和普通餐厅选择最多，高档餐厅、夜市次之。

> 贴士：
> 1. 90后更多选择夜市，70后、80后更多选择米其林餐厅，50后更多选择普通餐厅。
> 2. 高收入游客更多选择中高档餐厅和米其林餐厅。
> 3. 中国游客在日韩城市更多选择中档和普通餐厅，在欧美城市更多选择中高档餐厅和米其林餐厅。

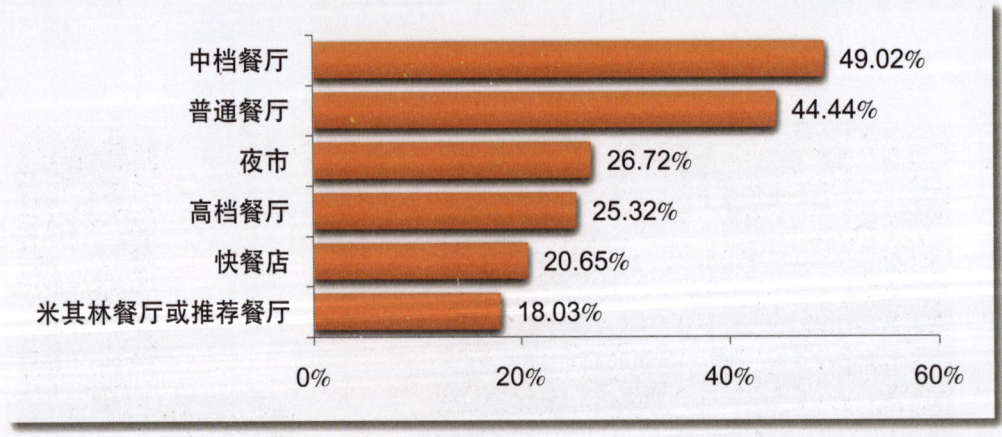

图29 中国出境游客就餐场所

> 贴士：
> 80后、90后更多从互联网搜索引擎、旅游网站和当地旅游手册获取信息，50后、60更多从旅行社获取信息。

---

[1] 1900年，在公司创始人安德里·米其林的倡导下，米其林轮胎公司推出了一本简易方便的手册。起初它主要是为驾车者提供一些实用资讯，比如关于车辆保养的建议、行车路线推荐以及酒店、餐馆的地址等。后来它开始为法国的餐馆评定星级，因其严谨的评审制度而得到读者的信任，并由此著名。

互联网搜索引擎、旅游攻略、旅游网站是中国游客获取境外餐饮信息的主要渠道，其次为旅行社、亲朋好友和当地旅游手册。

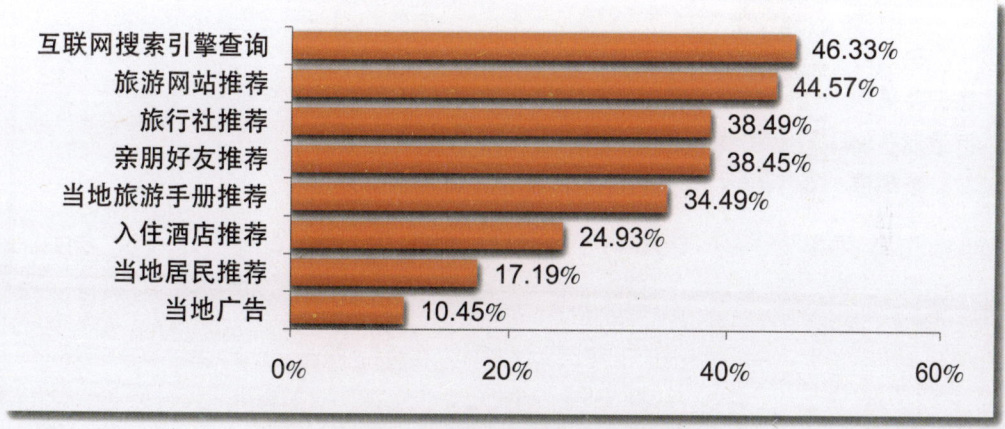

图30 中国出境游客餐饮信息获取渠道

2. 住宿

中国游客在境外旅游时开始注重住宿质量，四星级或以上的中高档酒店选择最多，选择豪华酒店的中国游客占比也明显增多。房型上，标准双人房和大床房选择最多。

自由行游客为了节约交通出行时间，以便更好地参观游览，习惯住在景点或者交通枢纽附近，即便价格差别较大也乐于接受。

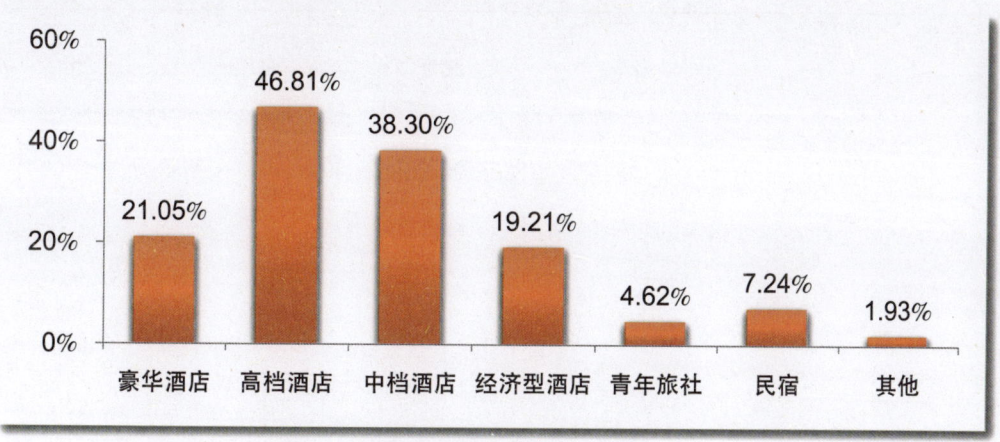

图31 中国出境游客酒店选择情况

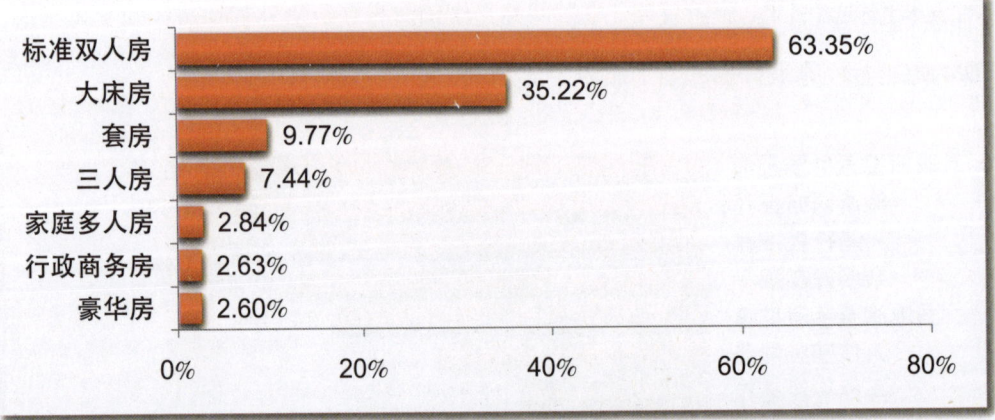

图 32 中国出境游客入住酒店房型

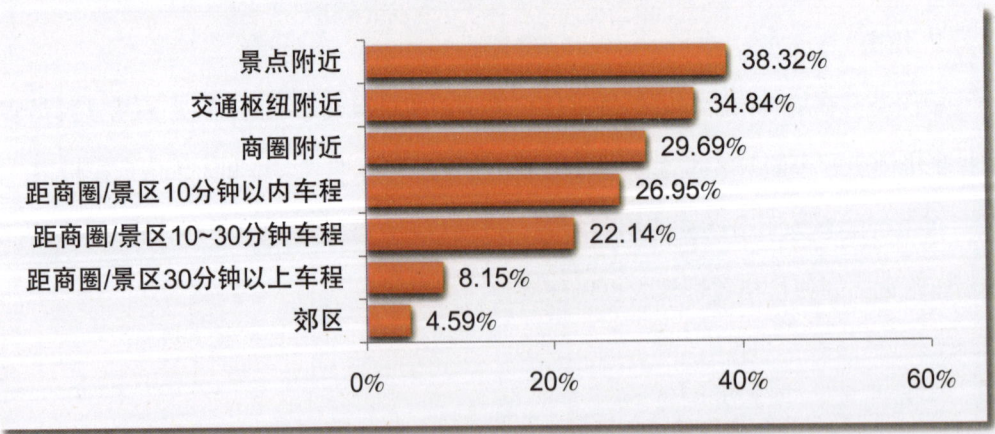

图 33 中国出境游客入住酒店位置

线上预订酒店已成为选择自由行的中国出境游客的习惯，通过旅游网站、旅行社官方网站、旅游网站APP和旅行社APP预订酒店的占比均超过三成。

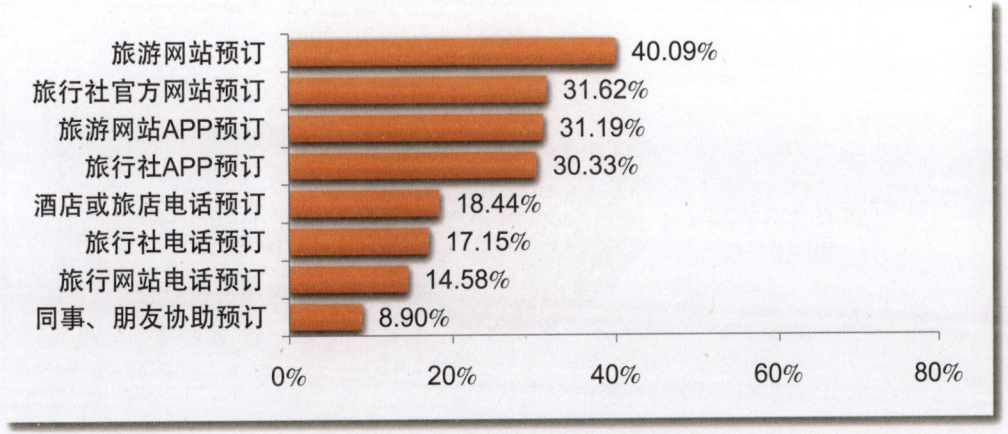

图34 中国出境游客酒店预订渠道

### 3. 交通出行

调查显示，在前往境外旅游城市时，世界各大航空公司及中国各大航空公司是中国游客的主要选择。中国游客对廉价航空的选择较少。

中国出境游客更喜欢直飞，选择比例超过八成。喜欢中转的游客占比5.93%，其中大约四成半的游客选择特定城市中转以满足机场免税购物的需要，其次为缓解长途飞行带来的疲惫。在机场中转不宜超过6小时，在城市中转不宜超过24小时。

> 贴士：
> 1. 70后更多选择世界各大航空公司，50后、60后更多选择国内各大航空公司和经济舱，90后更多选廉价航空公司和特价舱。
> 2. 高收入游客更多选择世界各大航空公司和高端舱位。
> 3. 女性游客更多因为购物的需要而选择中转。

在舱位方面，接近七成的中国出境游客会选择经济舱。

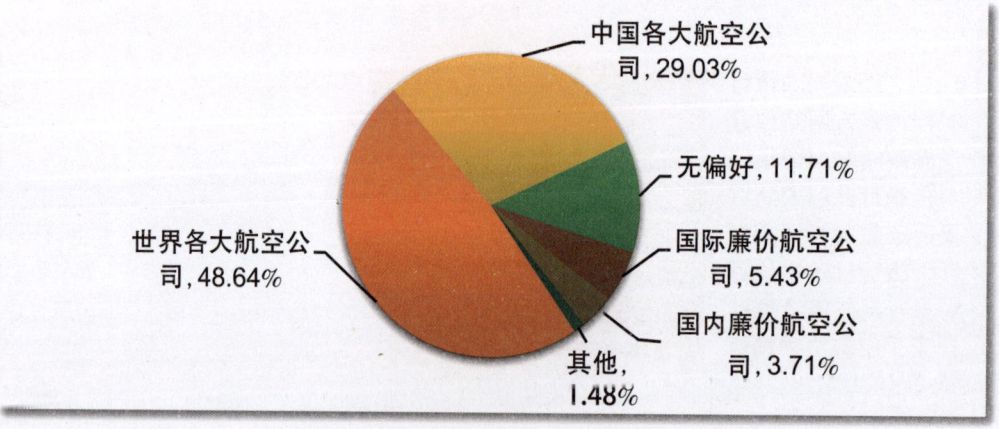

图 35 中国出境游客航空公司选择

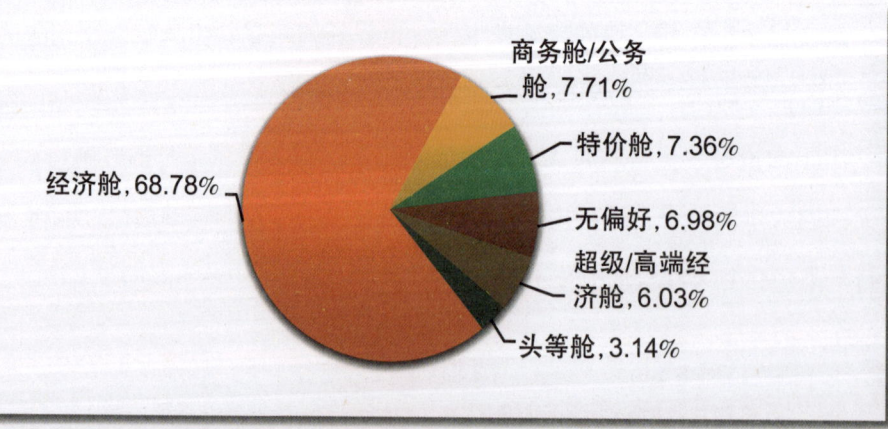

图 36 中国出境游客飞机舱位选择

在境外旅游城市当地,参团游游客主要依赖大巴出行;自由行游客出行方式更多样,其中以短期租车、出租车、地铁/轻轨为主。

> 贴士:
> 1. 80后、90后更多选择出租车、公交车、地铁/轻轨,70后更多选择租车(通过网上预订,车型偏好高档车)。
> 2. 高收入人群更多选择租车出行。

接近1/4的自由行游客选择在境外租车。

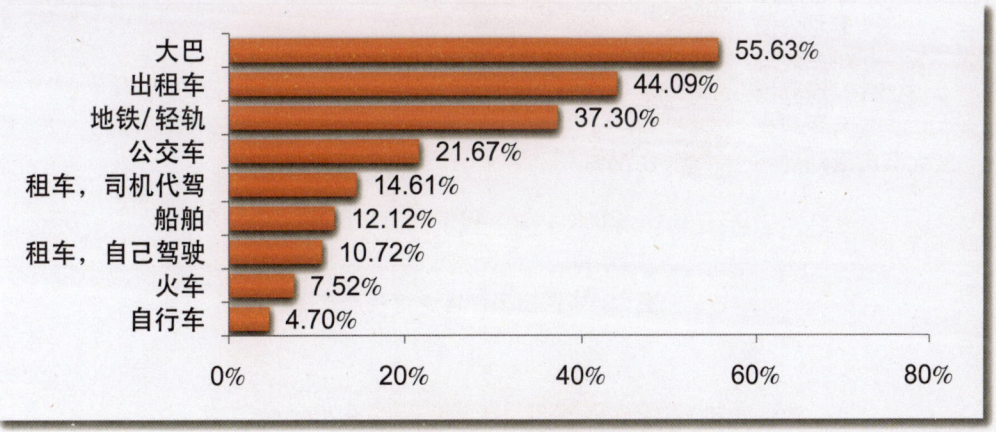

图37 中国出境游客当地交通方式选择

4. 游览

调查显示,自然风光依然是中国游客在境外旅游时选择最多的游览景点,其次为人文史迹。

通过国内旅游网站或电商网站购买景点门票已成为中国出境游客的习惯,接近七成的自由行游客选择上述两种渠道购买门票。

# 中国公民出境（城市）旅游消费市场调查报告
（2015—2016）

> 贴士：
> 1. 50后更多选择自然风光和人文史迹参观，70后更多选择艺术馆/博物馆和主题公园参观。
> 2. 中国游客在日韩城市、东南亚城市更多游览自然风光和人文史迹，在欧美城市更多游览艺术馆/博物馆，进行都市观光和大学观光。

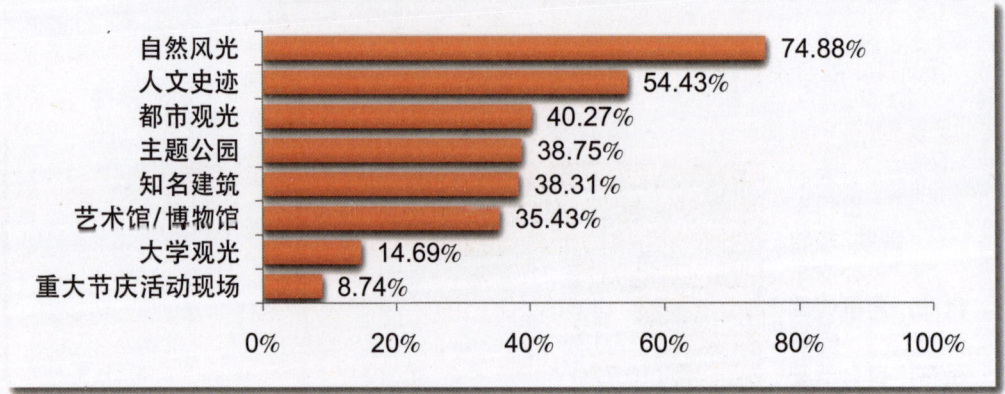

图38 中国出境游客游览景点选择

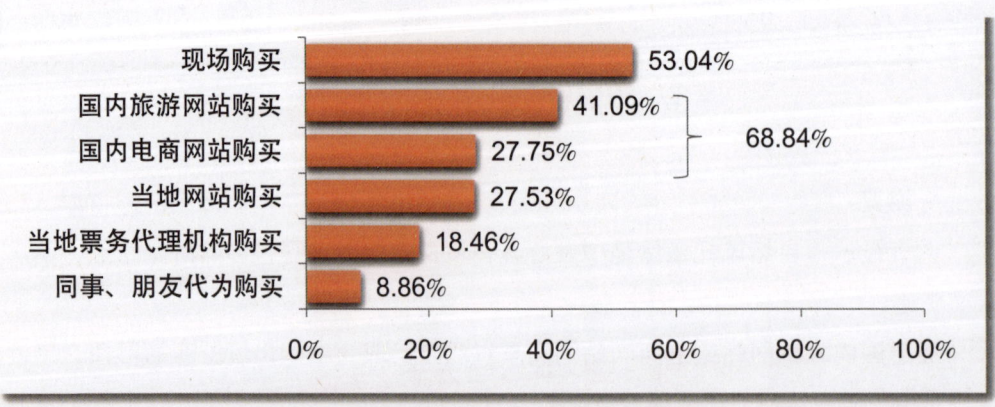

图39 中国出境游客景点门票预订/购买渠道

中国游客对于游览过程中安排自费选择游项目的接受度较高，超过六成的游客表示会选择自费项目。单次旅游行程中，安排 2~3 个自费项目、每隔 2~3 天安排 1 个较为适合。

中国出境游客对旅游服务的品质愈发重视，接近四成的游客表示会在自由行时向当地有品牌管理的旅行社预约聘请伴游或向导，特别是高收入人群和前往欧美城市旅游的游客。

**5. 购物**

几乎所有中国游客在境外旅游时都会购物。购物场所类型多样，免税店、大型百货商城或购物中心是首选，其次为购物街、折扣店 / 奥特莱斯。

中国游客境外购物日趋理性，超过一半的游客会事先制定购物清单。纪念品和化妆品是购买最多的商品，其次是日用品、奢侈品和服饰鞋帽。调查显示，中国游客平均花费 10344 元人民币。单次旅游中，六成游客花费 1 天左右的时间购物。

> 贴士：
> 1. 中国游客在日韩城市更多选择大型百货商场、购物中心、免税店购物，购买日用品、化妆品、保健用品和家用电器。在东南亚城市更多选择购物街、商业街、旅游景区购物，购买纪念品、当地特产。在欧美城市更多选择品牌专营店，购买奢侈品、皮具、珠宝首饰、名酒。
> 2. 中国游客在欧美城市购物花费较高，平均约为 14380 元人民币，在日韩城市和东南亚城市相对较低，分别为 10854 元人民币和 10870 元人民币。

# 中国公民出境（城市）旅游消费市场调查报告
（2015—2016）

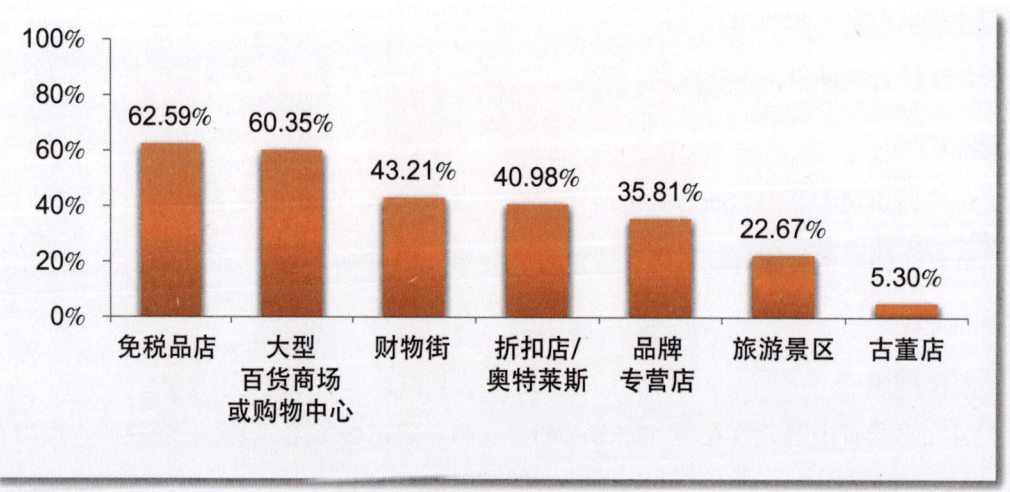

图 40 中国出境游客购物场所

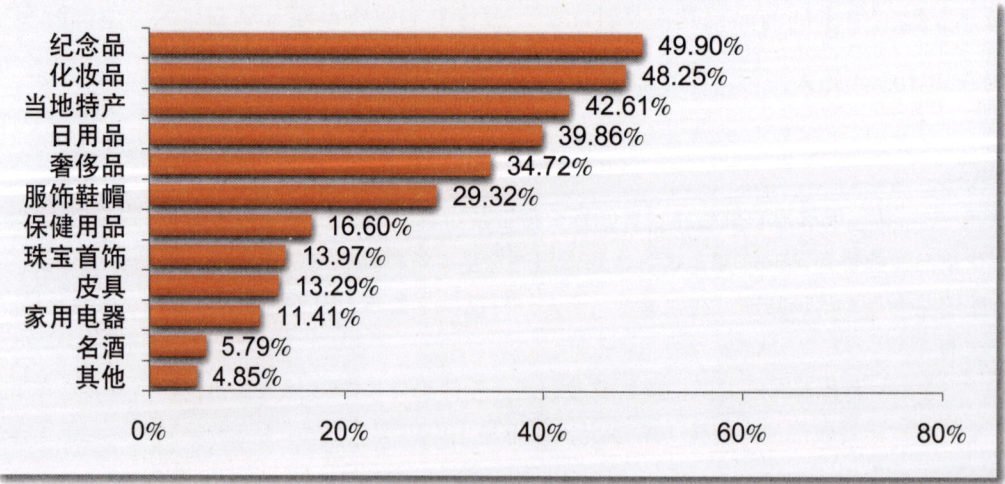

图 41 中国出境游客购物种类

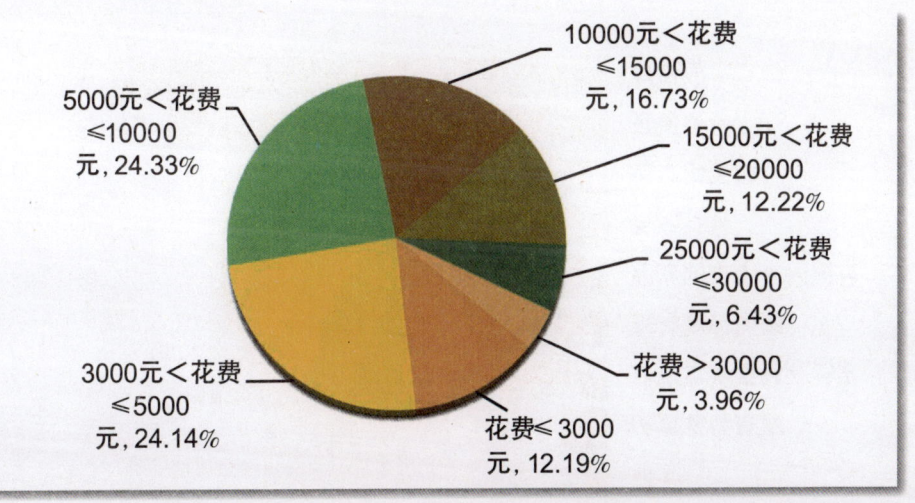

图42 中国游客用于境外购物的花费（人民币）

质量好、价格便宜是促使中国游客海外购物的主要原因，价格便宜体现在地区间的差价、免税、团队购物的额外优惠、促销季的各种优惠打折。

仅有六成客户会在购物后办理退税，未来须进一步提高中国出境游客的退税意识。

贴士：
1. 除质优价廉外，种类齐全、有国内未上市的新品、国内品牌有限也是70后、80后选择海外购物的主要原因。
2. 高收入人群更多因为种类齐全、品牌丰富、有国内未上市的新品而选择在海外购物。

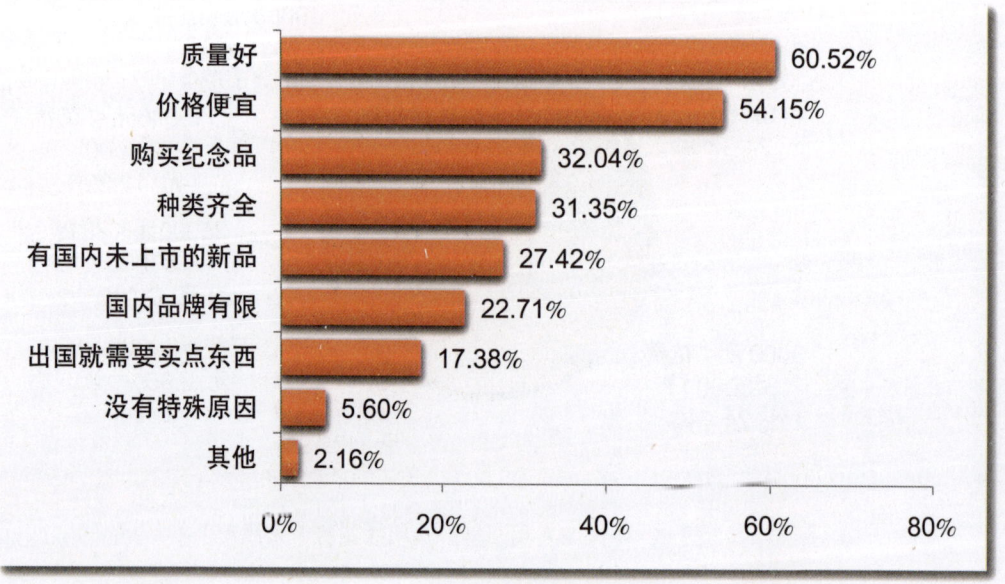

图43 中国出境游客海外购物原因

### 6. 娱乐

调查显示,中国出境游客除了景点的游览之外,越来越重视旅行过程中娱乐项目的安排。接近九成的中国游客在过去一年的旅行中选择了娱乐项目。多数游客希望旅行过程中安排1~2次娱乐活动。

体验当地风情,放松心情是中国游客境外旅游时娱乐的主要原因。中国游客多选择游乐场/主题公园、晚会/风情园、酒吧/夜店进行娱乐。

超过一半的中国出境游客通过国内旅游网站或电商网站购买大型娱乐场所、剧院门票,其次为现场购买,占比为46.27%。

贴士：
1. 50后、60后游客参加娱乐活动的较少。
2. 高收入人群更偏爱娱乐活动。
3. 女性游客更偏爱晚会/风情园、游乐场/主题公园，男性游客更偏爱赌场。
4. 中国游客在日韩城市更多选择游乐场/主题公园，在东南亚城市更多选择晚会/风情园，在欧美城市更多选择剧院/剧场。

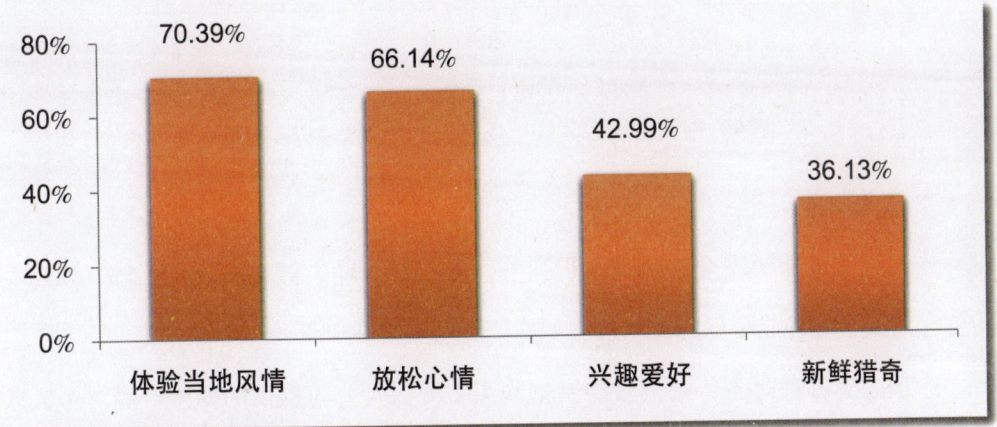

图44 中国出境游客参加娱乐活动的原因

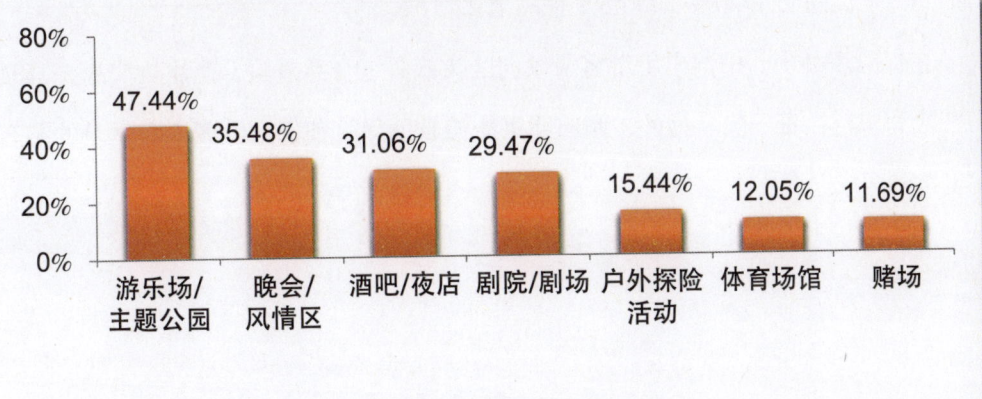

图45 中国出境游客娱乐场所

中国公民出境（城市）
**旅游消费市场调查报告**
（2015—2016）

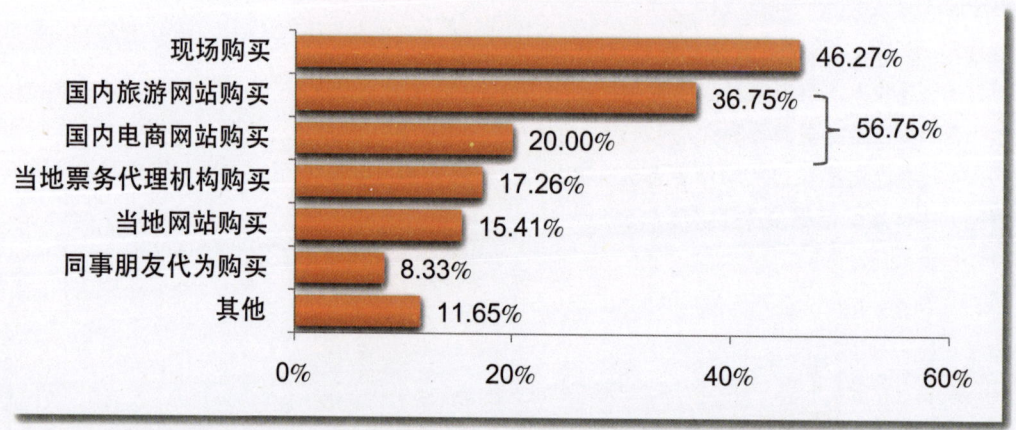

图 40 中国出境游客娱乐场所 / 项目门票预订 / 购买渠道

**7. 旅游安全**

中国游客的旅游安全和风险意识强烈，特别是年轻人群和高收入人群。超过九成的游客购买了境外旅游保险。

中国游客多通过旅行社或旅游网站购买中资保险公司提供的保险产品。令人欣喜的是，游客自行购买意外赔付险、旅行意外健康和医疗救助险种的比例大幅提高，分别由 38.7% 提高至 49.81%、11.53% 提高至 22.57%。

在保险产品上，中国出境游客最倾向购买旅游人身意外险，其次为交通工具意外伤害险和旅行社责任险。另外，倾向购买旅游救助保险和住宿游客人身保险的游客占比也达到两成左右。

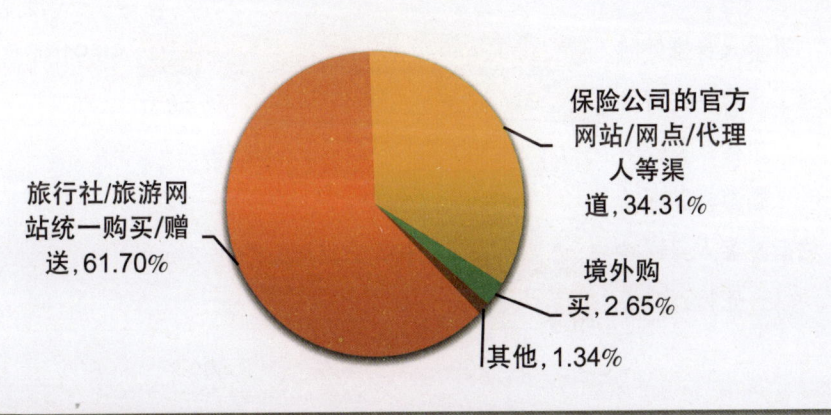

图47 中国出境游客旅游保险购买渠道

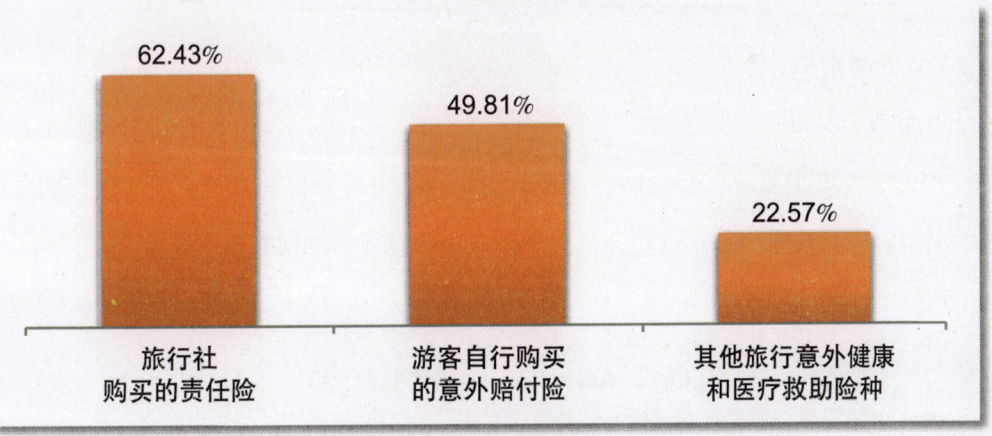

图48 中国出境游客旅游保险购买类型

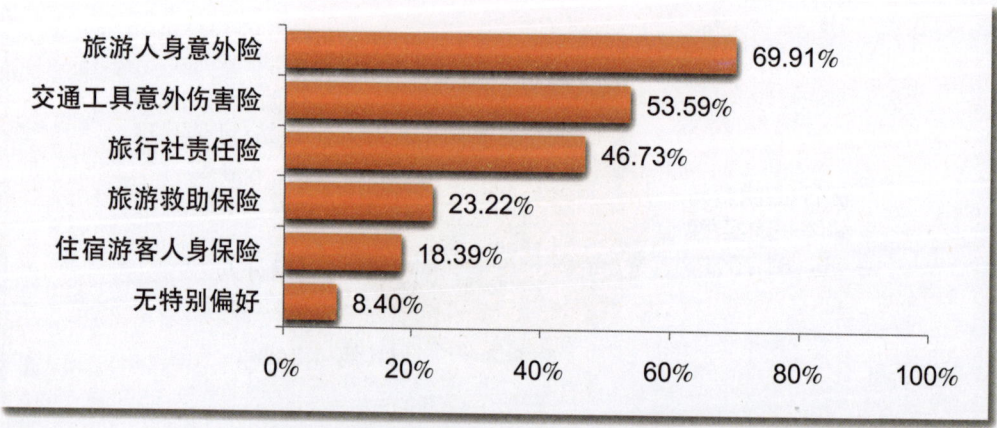

图 49 中国出境游客旅游保险产品购买偏好

## （三）出游后

### 1. 分享

约九成中国出境游客会在旅游过程中或旅游结束后分享其旅行经历。微信朋友圈是中国游客选择最多的分享途径，占比超过八成；其次为微博和QQ空间。

> 贴士：
> 1. 女性游客、高收入人群、频繁出境旅游的游客更爱分享。
> 2. 年轻人更多通过社交媒体进行分享，年长人群更多通过口头的形式交流。

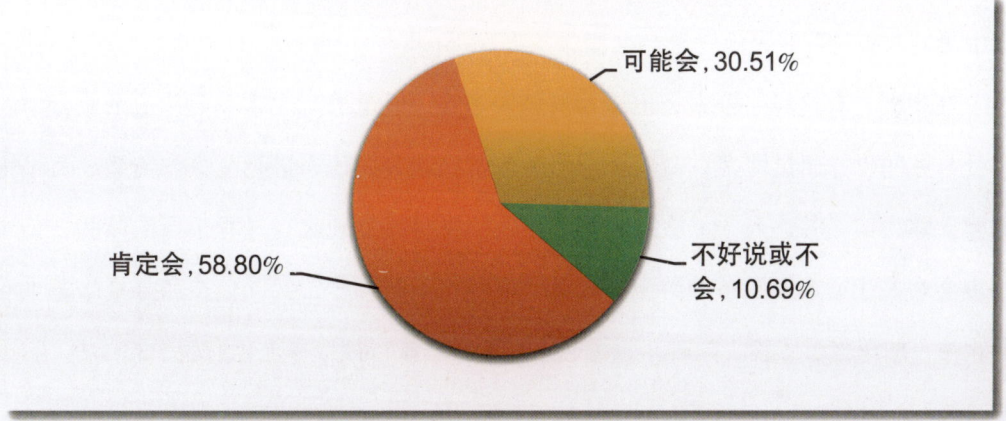

图 50 中国出境游客旅游经历分享情况

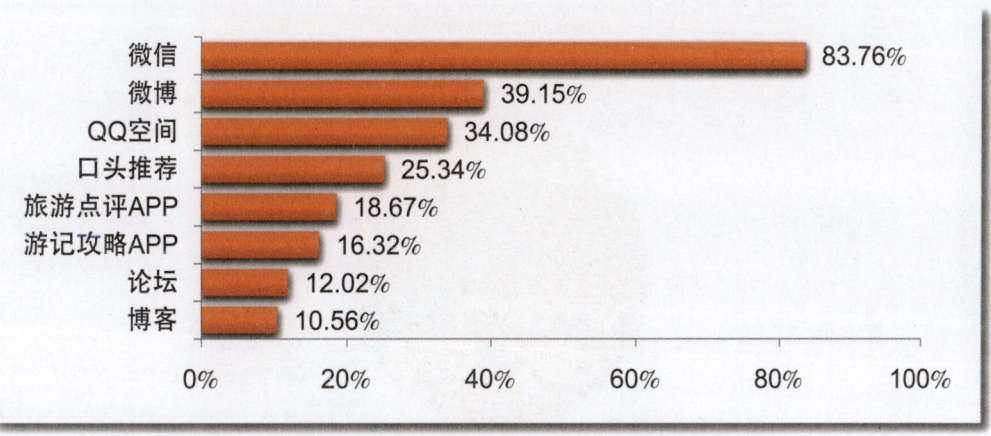

图 51 中国出境游客分享旅游经历的渠道

#### 2. 推荐

在分享的基础上，中国出境游客在旅行结束后还会向其他人推荐其旅行过的城市，其中接近六成的游客表示肯定会推荐。

在中国，有这样一群人，出境旅游经历丰富，喜欢通过文字和照片记录旅行中的感受与见闻，并通过博客、微信公众号、旅游网站等向他人进行分享与传播，大家将这群人称为"旅游达人""旅游专家"。他们更容易发现旅行过程中新的体验，普通游客喜欢关注达人们发布的游记、攻略，跟随他们的脚步，共同创造和分享旅游生活的欢愉，加深旅游体验。同时，旅游达人在组团、旅行社选择上也有较强的号召力。

> 贴士：
> 女性游客、高收入人群、频繁出境旅游的游客更喜欢向他人推荐其旅行过的城市。

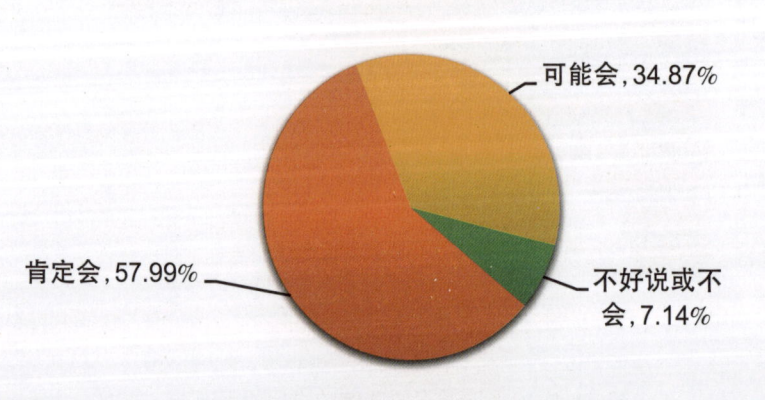

图52 中国出境游客向他人推荐的可能性

### 3. 重游

超过八成的中国游客表示会再次前往过去一年去过的城市。再次旅游时，超过一半的中国游客会因喜欢而重游，并增加旅游天数，延展旅游线路，深度欣赏风光、体验人文。选择自由行的游客多于选择参团游的游客。

> 贴士：
> 1. 女性游客、90后、高收入人群、频繁出境旅游的游客、过去一年前往日韩和欧美城市的游客重游意愿更为强烈。
> 2. 高收入人群再次旅行时更多选择自由行或定制旅游。

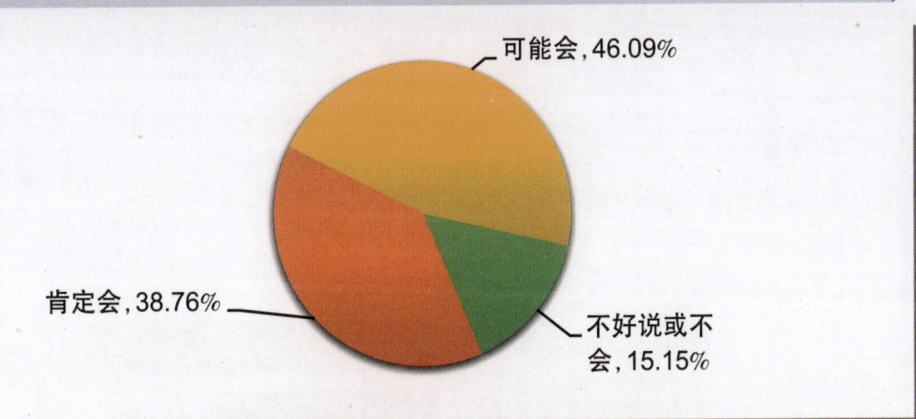

图 53 中国出境游客再次前往该城市旅游的可能性

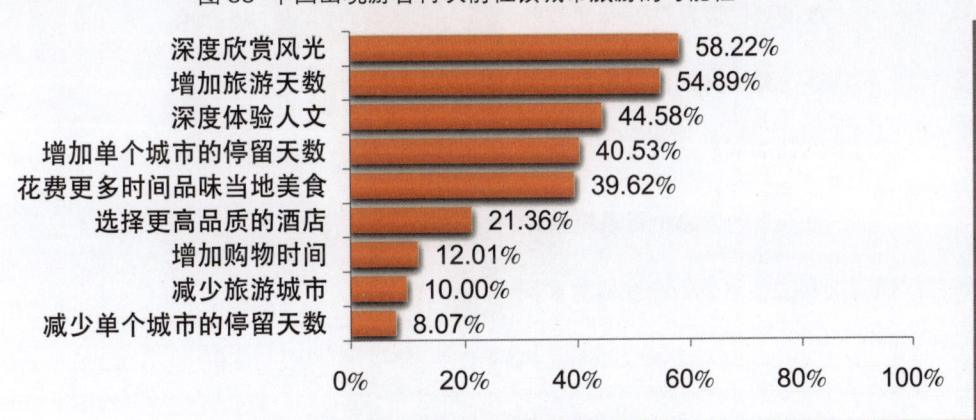

图 54 中国出境游客再次出境游会的行为

## 四、中国游客境外旅游需求

### （一）信息查询

信息的实用性是中国出境游客在信息查询上最为关注的方面，其次是信息的丰富性、容易理解性和系统性。调查显示，中国游客对旅游信息的关注和要求越来越高，一些旅行社或旅游网站长期不变的资讯内容和提供模式，已经不再被市场所吸引和认可。

相较于2013—2014年、2014—2015年，中国游客对实用性的关注首次高于丰富性。

> 贴士：
> 1. 高收入人群对信息是否容易理解、是否系统条理更为关注。
> 2. 选择自由行的游客、频繁出境旅游的游客对信息查询更为关注。

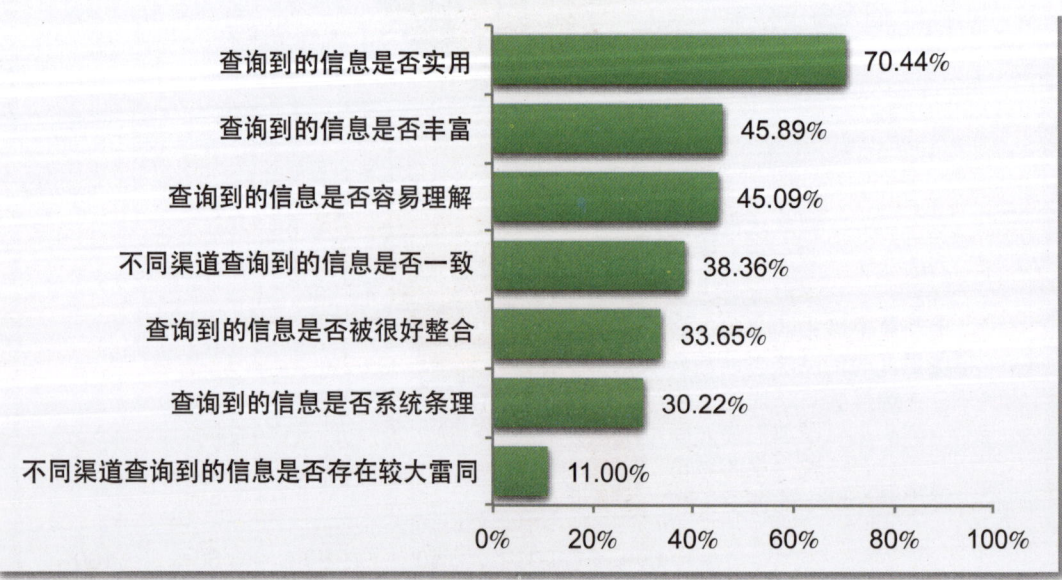

图55 中国出境游客在信息查询上的关注点

## （二）签证办理

办理签证时须准备的材料种类、数量，办理所需时长依然是中国出境游客在办理签证时的主要关注点，其次为须填写的表格和签证费用。

> 贴士：
> 1. 前往日韩城市的游客更多关注须准备的材料种类和数量、签证费用、是否可以免签。
> 2. 前往东南亚城市的游客更多关注是否可以免签或落地签。
> 3. 前往欧美城市的游客更多关注须准备的材料种类和数量、需填写的表格、办理的时长、是否需要面签。
> 4. 前往非洲城市的游客更多关注是否可以自行办理。

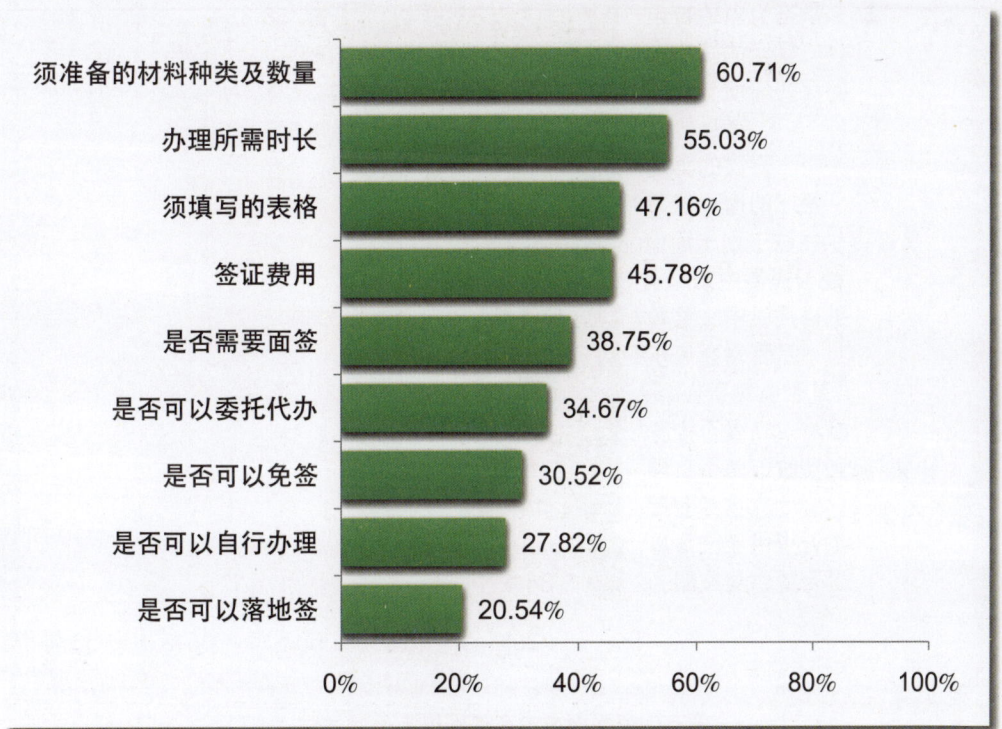

图 56 中国出境游客在签证办理上的关注点

# 中国公民出境（城市）旅游消费市场调查报告（2015—2016）

## （三）餐饮

中国游客对餐饮的关注已从中文菜单和中文服务的提供转变至是否为当地特色和知名与否，其次为餐厅的服务与环境、菜品的价格、餐饮的类型和餐厅的地理位置等。

> 贴士：
> 1. 80后尤为关注餐厅的知名度，是否为米其林餐厅或推荐餐厅。
> 2. 月收入超过20000元人民币的游客更多关注餐厅的知名度，餐厅是否是米其林餐厅或推荐餐厅，是否需要等候，是否提供英文菜单和英文服务。
> 3. 前往日韩城市的游客更多关注是否为当地特色，菜品价格，是否提供银联卡刷卡通道，是否提供中文菜单。前往欧美城市的游客更多关注是否为米其林餐厅或推荐餐厅，是否提供英文菜单。

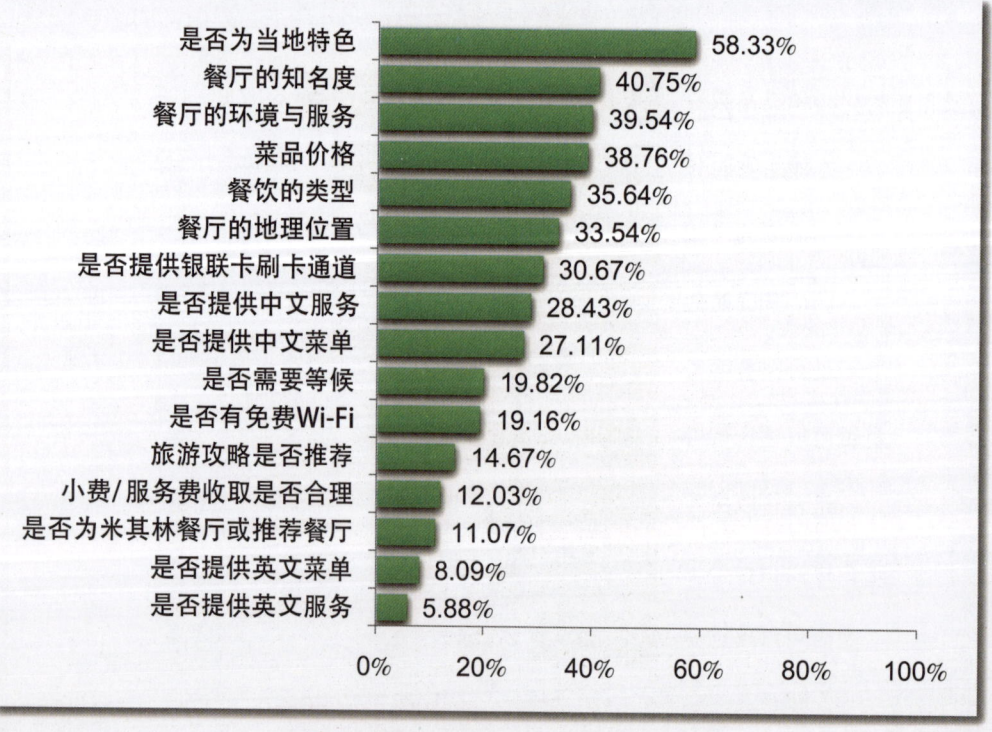

图57 中国出境游客在餐饮方面的关注点

## （四）住宿

同样，中国出境游客在住宿上的关注也从中文标识、中文服务转变为酒店的交通便利性和地理位置。其次为酒店的价格、设施条件、品牌、房型和房间面积。

> 贴士：
> 高收入人群更关注酒店品牌，过往体验，积分奖励计划，小费/服务费收取标准。

调查显示，中国出境游客在选择房间设施时，热水壶、保险柜和冰箱是中国游客选择最多的设施。中国游客对房间内是否配备热水壶普遍关注，在休息时中国游客多数有饮用热水或热茶的习惯。

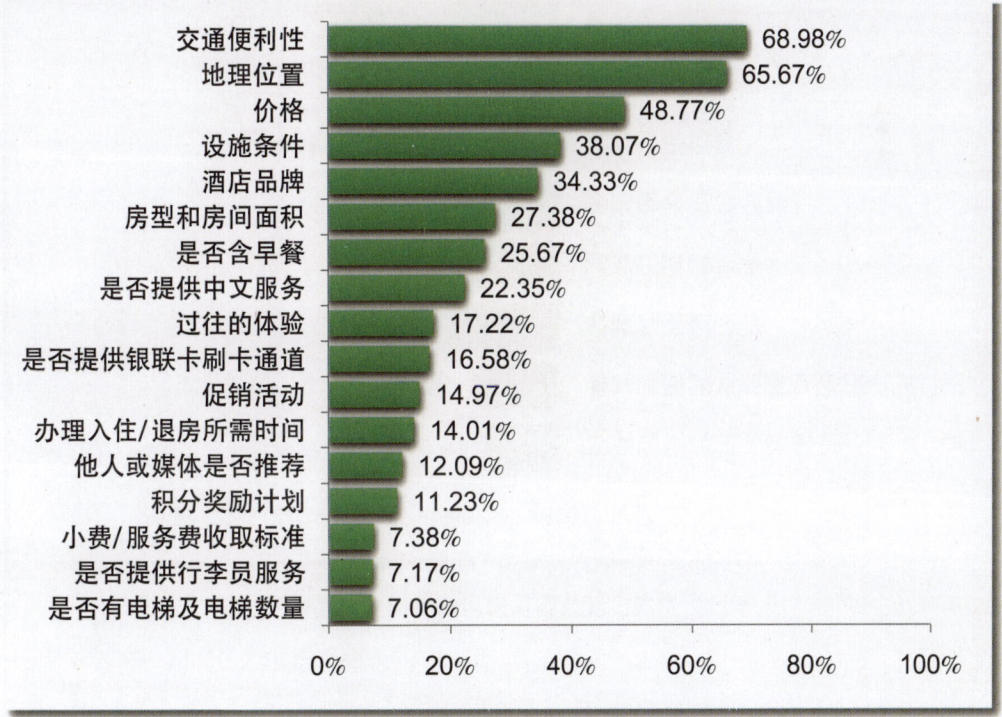

图58 中国出境游客在住宿方面的关注点

# 中国公民出境（城市）
## 旅游消费市场调查报告
（2015—2016）

中国出境游客在选择酒店预订渠道时，主要关注信息是否真实、酒店类型是否满足需求、酒店价格是否优惠，其次为公众评价，推荐指数是否较高，操作是否便捷。

> **贴士：**
> 高收入人群尤为关注信息是否真实，酒店类型是否满足需求。

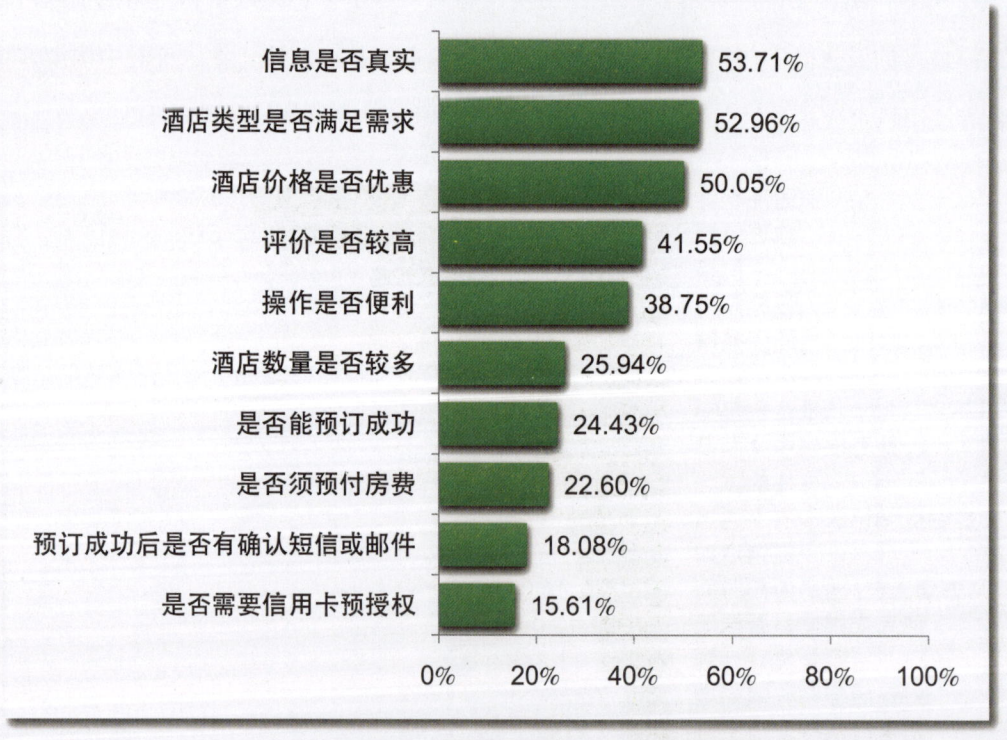

图 59  中国出境游客在酒店预订渠道方面的关注点

56

## （五）交通出行

安全性是中国出境游客在交通出行时的首要关注点，其次为花费时间和速度。

调查显示，中国游客在旅游中已经改变长途乘车、走马观花式旅游，更加注重安全行车、景区景点的深度体验，注重旅游路线与游览节目的编排。除特殊情况，普遍不能接受一天中乘车时间超过3小时或超过全天旅程的1/3。

> 贴士：
> 1. 高收入人群更为关注道路及交通工具上的标识、购票的便利性、购票支付方式。
> 2. 前往东南亚城市的游客更为关注价格是否标准。
> 3. 年长人群更为关注安全性，年轻人群则更为关注购票的便利性、购票支付方式、花费时间。

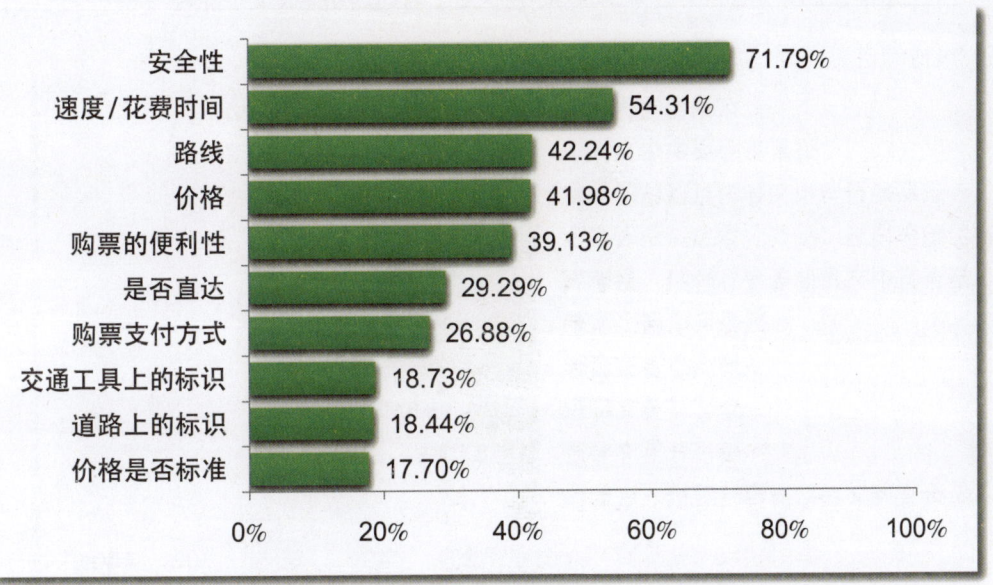

图60 中国出境游客在交通出行方面的关注点

## （六）游览

景点是否明确定价、是否有必要的中文标识是中国游客在游览时的关注重点，其次为景点现场是否有中文导游可以临时聘用。

> 贴士：
> 1. 年轻人群更多关注是否有英文标识，是否有英文导游，是否有英文自助语音导游机或讲解器，是否可以网上购票，多景点是否有套票；年长人群则更多关注是否有中文导游。
> 2. 高收入人群更多关注是否有英文导游，是否有中英文自助语音导游机或讲解器，是否可以网上购票。
> 3. 前往日韩城市的游客更多关注景点是否明确定价，是否有中文标识，景区配套设施是否齐全；前往欧美城市的游客则更多关注是否有英文导游，是否有英文自助语音导游机或讲解器。

习惯选择参团游并且出境旅游经历丰富的游客，对导游的要求进一步提高。他们希望导游在介绍景区景点之外，还可以提供更多关于当地历史、人文、自然、宗教、社会、经济、风俗的讲解。

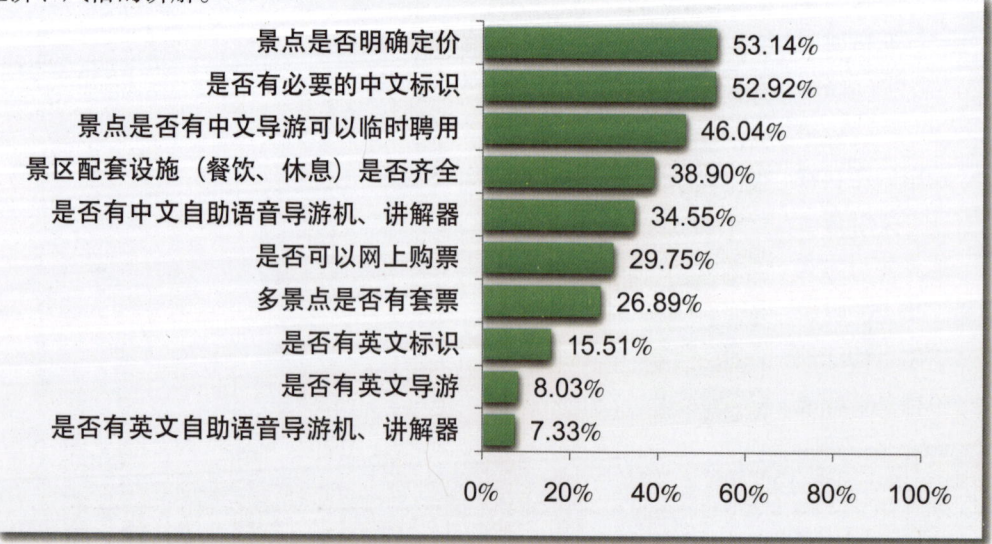

图61 中国出境游客在游览方面的关注点

## （七）购物

商品种类是否丰富、购物场所是否便利是中国出境游客在购物方面的主要关注点，其次为商品价格是否实惠。

> 贴士：
> 1. 女性游客尤为关注购物，包括商品种类是否丰富、商品数量是否充足、商品型号是否充足、商品价格是否实惠、购物场所配套是否完善、是否可以办理退税、退税办理是否便捷。
> 2. 高收入人群更多关注商品数量、型号是否充足，服务人员的专业能力，购物场所配套是否完善，退税起始金额。

中国游客普遍欢迎在旅途中安排时间用于购物，既安排奥特莱斯，也安排大型购物中心和专卖店，在每个国家至少安排一次购物机会，全程旅游中2~3次的集中购物时间。专卖店的购物应当随时在参观游览中安排，不必特意驱车前往。部分游客对旅行社特意安排的旅游商店购物不太感兴趣。

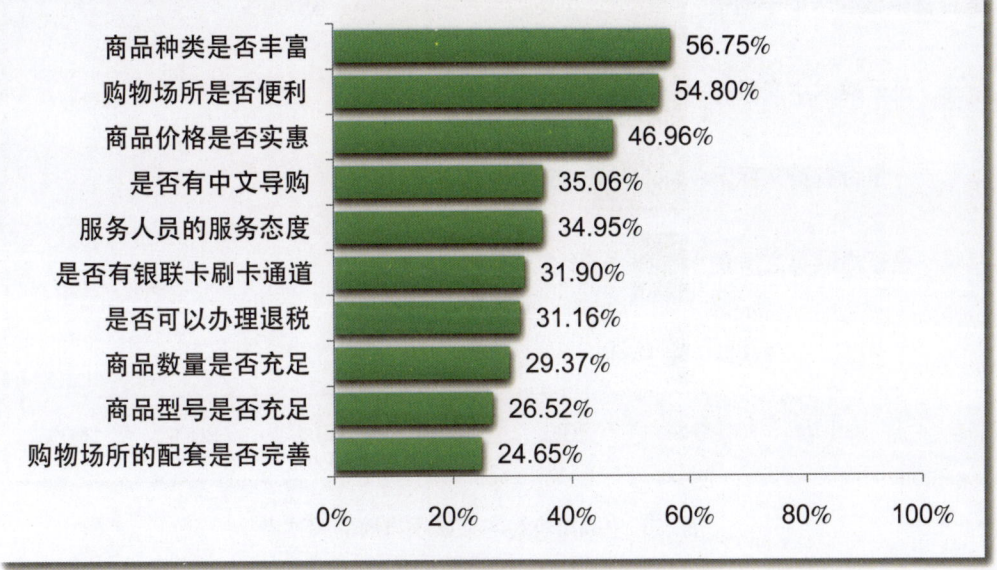

图 62 中国出境游客在购物方面的关注点

## （八）娱乐

价格是否标准、是否有中文标识、是否提供银联卡刷卡通道是中国游客在境外参加娱乐活动时的主要关注点。

> 贴士：
> 1. 年长人群更多关注是否提供中文服务，年轻人群更多关注是否提供英文标识和英文服务，以及价格是否标准。
> 2. 高收入人群则关注是否提供银联卡刷卡通道。

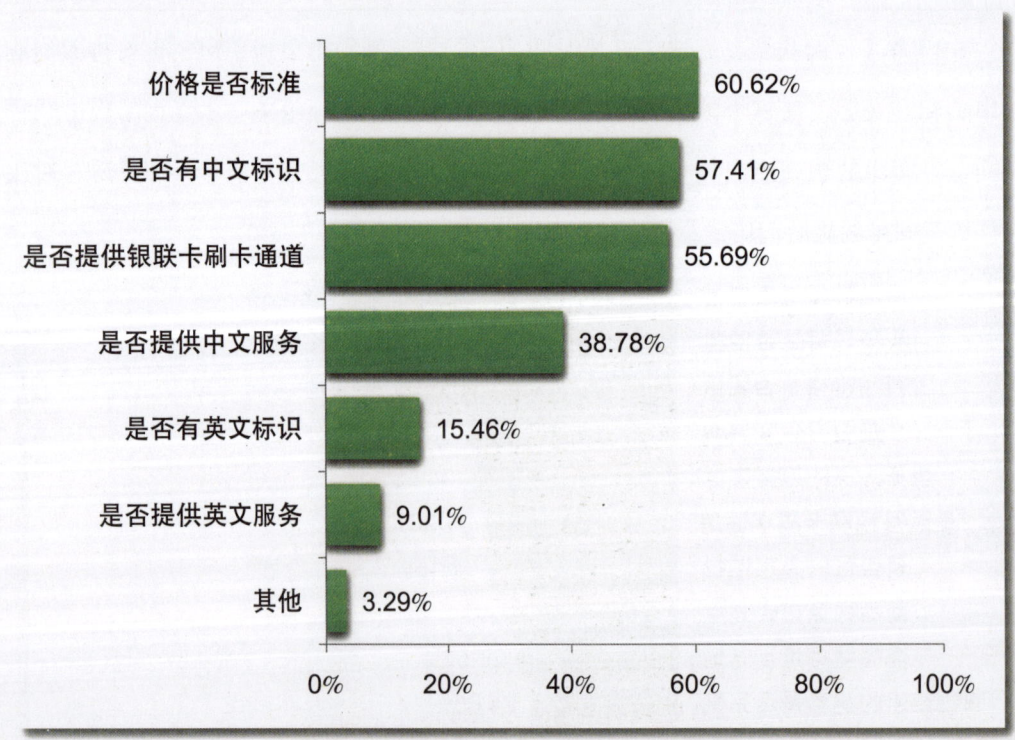

图 63 中国出境游客在娱乐方面的关注点

## （九）支付方式

调查显示，中国游客随身携带大量现金出游的习惯已得到很大改变，越来越多的中国游客习惯使用信用卡支付。

银联卡刷卡支付是中国游客境外旅游时最偏好的支付方式，无论是餐饮、住宿、交通出行，还是游览、购物、娱乐，选择比例均在六成左右或接近七成，其次为Visa卡或Master卡刷卡支付。

值得高度关注的是，电子支付在中国得到非常广的普及，而中国游客也将这种支付习惯带向国外。除购物外，其他各方面的电子支付偏好均在四成左右。特别是80后、90后等年轻人群。

刷卡支付的同时，中国游客也习惯于提前兑换少量现金，用于小额消费支付。相对而言，年长人群依然偏好现金支付。

> **案例：**
> 韩亚银行和中国支付宝携手在中国游客较多到访的首尔明洞和东大门商业区等推出支付结算服务。在智能手机上安装支付宝的中国游客可以在和韩亚银行签署加盟协议的餐厅、商店、整容外科等利用手机进行结算。

表4 中国出境游客境外支付方式的偏好

| 支付方式 | 餐饮 | 住宿 | 交通出行 | 游览 | 购物 | 娱乐 |
|---|---|---|---|---|---|---|
| 银联卡刷卡支付 | 67.73% | 67.13% | 60.38% | 58.65% | 66.3% | 63.39% |
| Visa卡或Master卡刷卡支付 | 45.64% | 51.39% | 47.48% | 46.90% | 49.26% | 46.18% |
| 电子支付 | 38.93% | 38.01% | 40.46% | 38.78% | 26.26% | 38.46% |
| 现金支付 | 35.25% | 23.23% | 37.74% | 37.5% | 26.77% | 33.65% |

## 五、如何吸引中国出境游客

### （一）目前哪些因素吸引他们

知名度依然最能吸引中国出境游客。

整体而言，吸引中国出境游客的因素主要可以分为：

（1）自然风光，包括美景、山水风光、海滨风光、历史遗迹、生态环境等；

（2）口碑，包括朋友推荐和电视节目宣传等；

（3）风情，包括异域风情、美食等；

（4）好奇心，包括知名度和未曾去过。

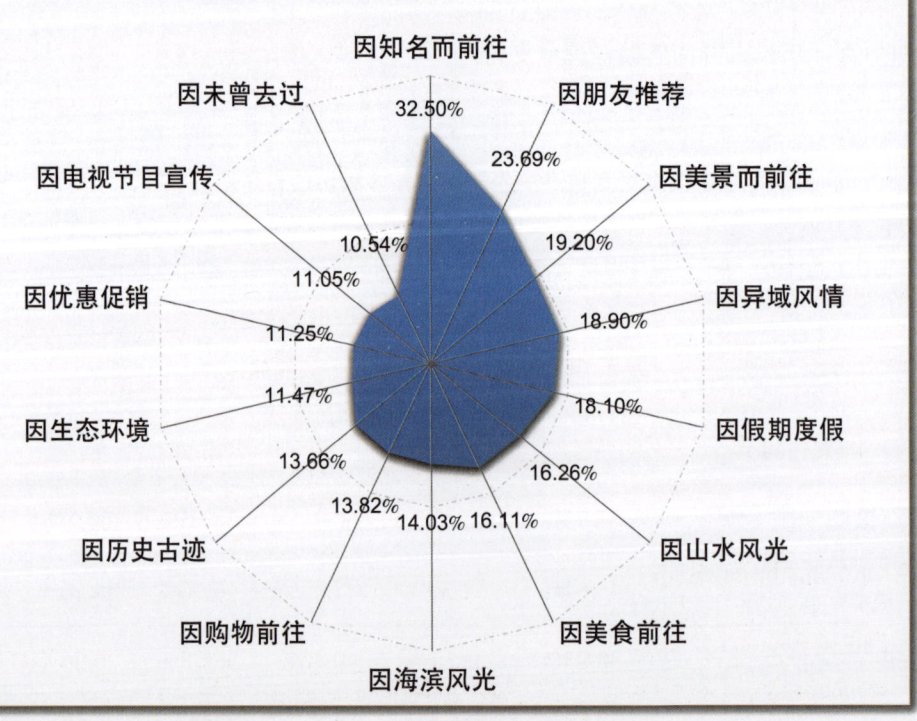

图 64 境外旅游城市吸引中国游客的因素

## （二）他们出游前担心什么

中国游客出发前往境外旅游城市前，依然最担心住宿、交通、餐饮方面遇到问题。

语言障碍依然是最担心遇到的问题，其次是人身财产安全。中国游客对语言障碍的担心主要来源于在当地缺乏语言翻译协助，特别是在一些表格的填写过程中。

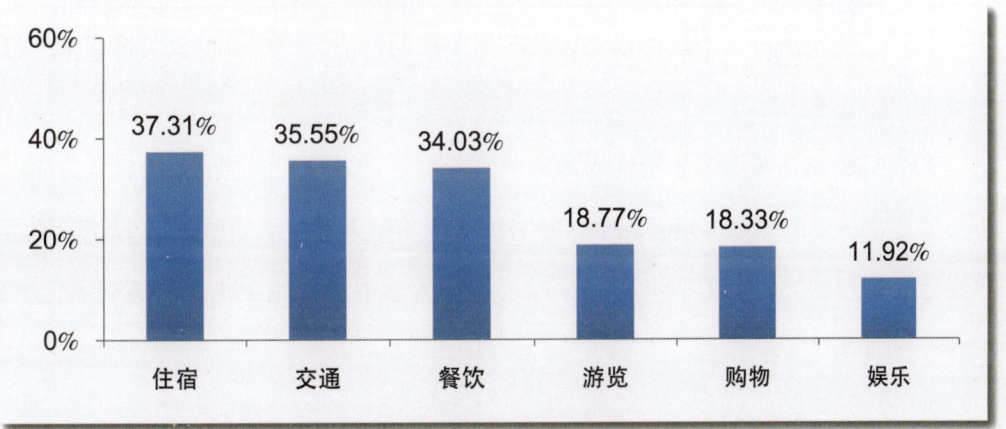

图 65 中国出境游客担心遇到的问题

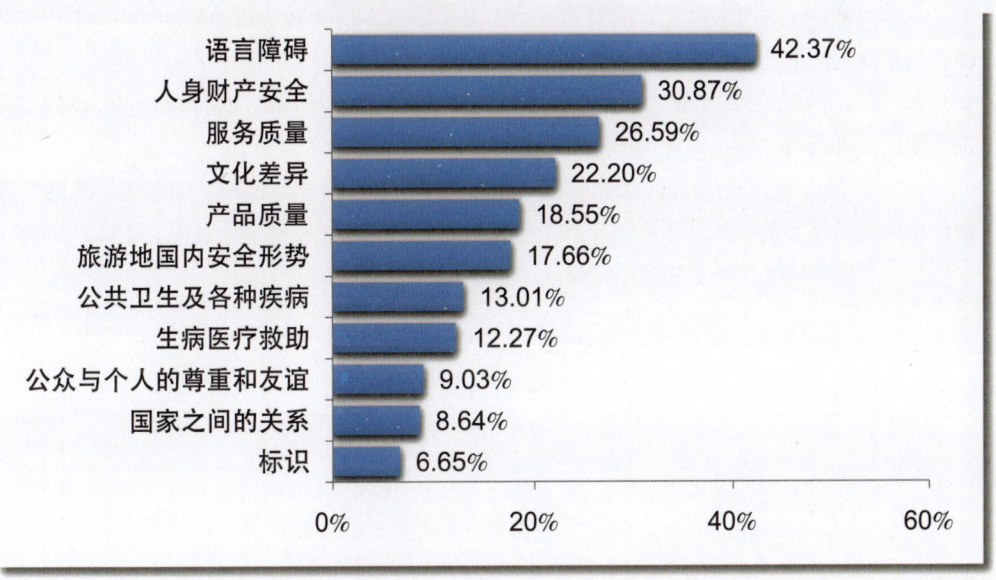

图 66 中国出境游客担心遇到的问题

### （三）如何吸引他们

**1. 提高旅游服务质量，提升旅游体验**

2015—2016 年，中国游客境外旅游满意度指数为 88.65%，相较于 2014—2015 年提升了 3.69 个百分点。

优质的旅游服务，不仅可以促成游客做出旅游的决定，还会促成游客在未来再次游览，并向其他人推荐。

约九成中国出境游客表示优秀的旅游服务质量是促成其旅游成行的重要方面。旅游体验非常满意的中国出境游客中，66.18% 的游客表示肯定会重游，81.94% 的游客表示肯定会推荐。与之形成鲜明对比的是，不满意游客中仅有 23.39% 的游客表示会重游，32.54% 的游客表示会推荐。

> 案例：
> 1. 韩国：为改善"中国游客专门旅行社"的服务质量，针对不良旅行社、劣质旅游产品、无证导游等问题，韩国文体部专门提出了"面向中国游客的旅游市场改善计划"，努力为中国游客来韩观光创造更加优良的旅游环境。
> 2. 日本：母婴室的出现频率几乎和公共厕所相同，并且提供带安全扣的小床、热水器、洗手液、卫生纸等。
> 3. 西班牙：塞维利亚和马德里等城市的出租车司机积极学汉语和中国文化，其目的是更好地为越来越多的中国游客提供服务。一些当地商家则通过语言学校里中文老师的帮助，直接打出了写有中文问候语的招贴广告。

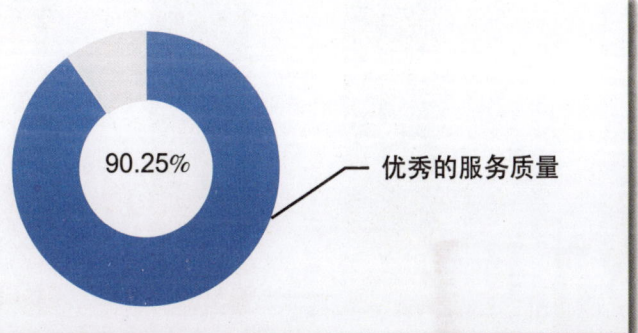

图 67 旅游服务质量对旅游成行的作用

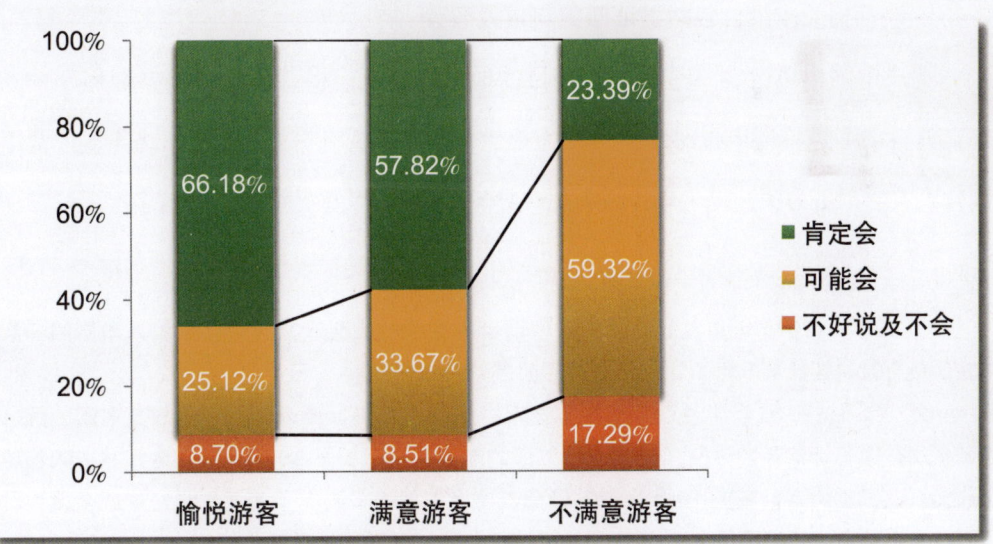

图 68 旅游服务体验对重游的作用[1]

[1] 愉悦游客指满意度打分（10分制）为10分的游客，满意游客指满意度打分为8~9分的游客，不满意游客为满意度打分为1~7分的游客。

# 中国公民出境（城市）旅游消费市场调查报告
（2015—2016）

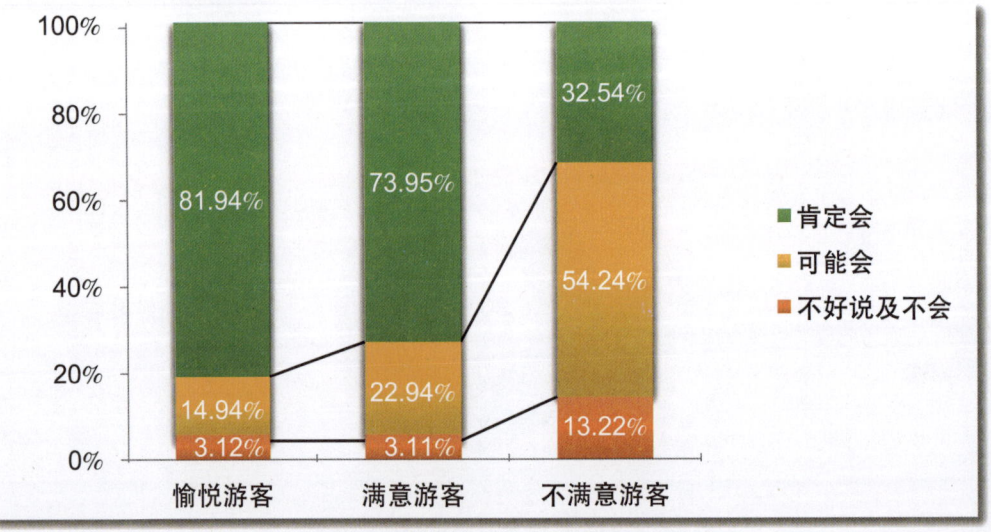

图 69 旅游服务体验对推荐的作用

**2. 改善相关政策，包括签证政策与退税政策**

七成中国出境游客希望境外旅游目的地降低签证门槛，简化签证办理程序，减少递交材料，缩短签证审批时间，其次为提供免签/落地签/过境免签和减免签证费用。高收入人群则更为关注提供邮寄或委托代办签证服务，以及提供长期有效多次入境签证。

> 案例：
> 1. 日本：2015年1月起，放宽对申请者的经济能力要求，将中国高收入阶层的多次往返签有效期延长至5年，取消了对富裕阶层的访地限制。
> 2. 韩国：2016年1月起，大幅放宽对中国公民的签证要求，包括：放宽中国公民赴韩多次往返签证的年龄限制，一次入境签证的滞留期限延长至90天；针对专门从业人员或硕士以上高学历者，实施10年有效签证期；将团体观光客的电子签证扩大至中国全境；针对特定人群推出"韩流签证"；在"韩国访问年"，免除签证的手续费用。
> 3. 英国：2016年1月11日起，英国政府向中国公民推出全新两年访问签证，获得签证后可在有效期内多次访问英国。
> 4. 韩国：乐天、现代、新世界等主要百货店从2016年2月1日起，实施外国人增值税即时退税服务，每次买3万韩元（约合165元人民币）以上、20万韩元以下的商品时，能以扣除增值税(10%)的金额当场结算。

提高商品退税比例对于接近四成的中国出境游客有吸引力。

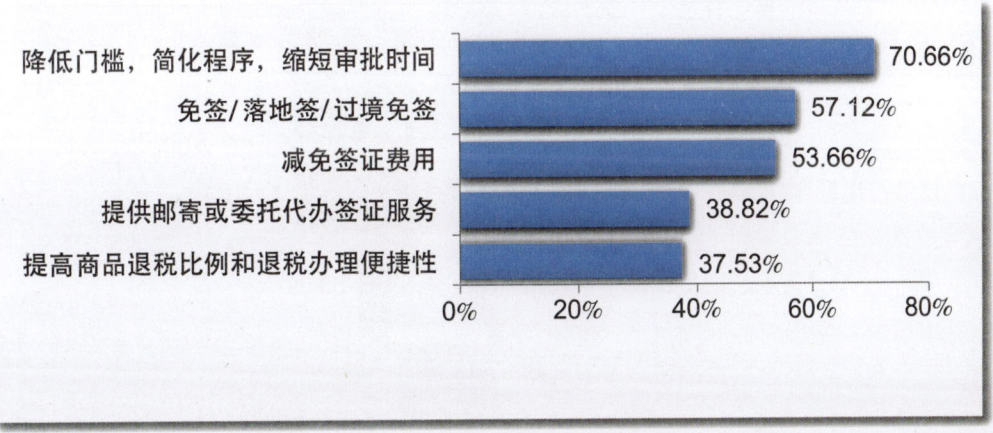

图70 改善相关政策对旅行成行的作用

### 3. 开辟特色旅游线路

特色文化旅游线路最能吸引中国出境游客，其次为专门的购物旅游线路。

高收入人群对市场和项目投资考察线路、留学考察线路、根据热门电影/电视剧开辟的线路尤为感兴趣。

> 案例：
> 1. 保加利亚：开辟富有保加利亚特点的文化旅游项目，如温泉旅游、滑雪旅游和红酒旅游，建立保加利亚—土耳其—希腊、保加利亚—罗马尼亚—塞尔维亚联合旅游线路。
> 2. 俄罗斯：据俄罗斯旅游署统计，红色旅游是中国游客最喜欢的线路之一，例如追踪布尔什维克领袖列宁足迹的"列宁生平"红色旅游项目。"红色线路"的景点包括莫斯科的列宁墓、莫斯科郊外的列宁故居、萨马拉的斯大林地堡地下展览馆、圣彼得堡的斯莫尔尼历史纪念馆、列宁就读的喀山大学等。

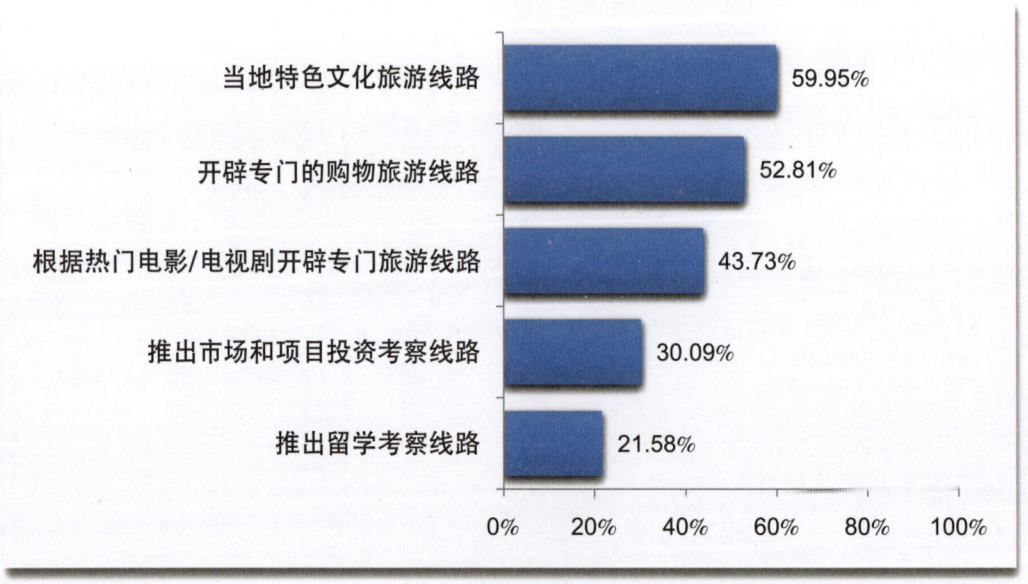

图 71 特色旅游线路对旅游成行的作用

**4. 选择合适的渠道，加大营销推广力度**

中文官方网站依然是中国出境游客认为最合适的营销推广渠道，其次为中文官方微博或官方微信公众号。官方渠道一方面可以保证信息的权威性，另一方面也可以保证信息的实用性。

在宣传内容上，八成中国出境游客认为目的地精美的文章、图片和视频，当地著名的历史人物、故事、文物古迹非常重要。高收入人群则希望可以借助中国的门户网站和旅游网站，以及开发中文手机客户端。

案例：

1. 洛杉矶：与在线旅行社开展合作，专注于网上预订和移动端预订；运用中文网站、社交媒体与中国客户直接沟通；与中国的视频传播平台建立合作关系。

2. 伦敦：伦敦开设有专门的中文官方网站 london.cn，提供初次游览伦敦的访问指南、景点信息、行程攻略、酒店信息、餐饮信息、签证信息、退税信息、天气信息、公共服务信息等。

3. 米兰：Malpensa 和 Linate 机场联合推出新款 App：Milan Airports，包含了游客可能需要的所有机场实用信息，支持意大利语、英语和中文。

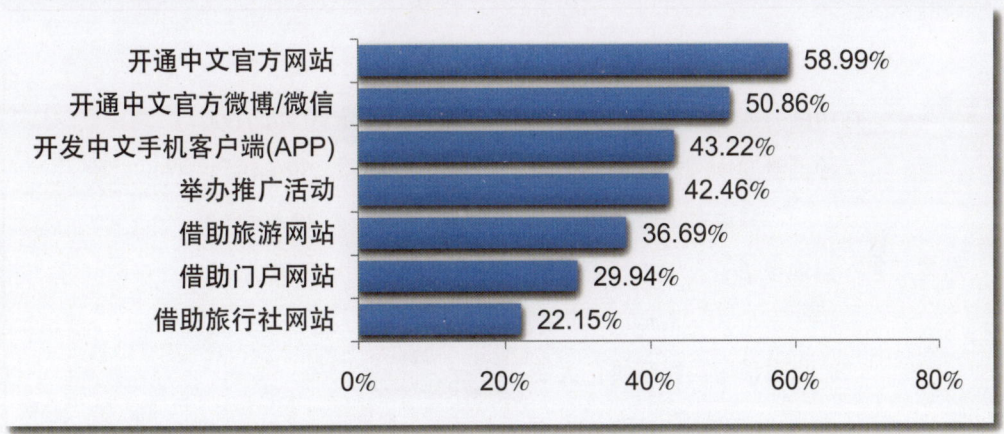

图 72 合适的营销推广渠道对旅游成行的作用

### 5. 开通直飞航班、邮轮或火车

超过一半（56.08%）的中国游客希望境外旅游城市可以开通直飞航班、邮轮或火车，从而节约出行时间，减少旅途疲劳。直飞航班不应局限于一线城市，还应考虑出境需求同样旺盛的二线城市。

### 6. 开展丰富的营销活动

各类营销活动均能吸引中国出境游客，相对而言在中国开展专门的宣传推广活动最能吸引中国游客，其次为拍摄针对中国市场的宣传片和开展季节性优惠活动。拍摄针对中国市场的宣传片、邀请明星担任推广大使尤其能吸引高收入人群。

案例：

1. 韩国：韩国观光公社社长郑昌洙在仁川机场国际到达大厅向入境外国游客致以新春问候，并赠送纪念品。针对中国游客开展赠送微信红包活动，通过收看韩国明星李敏镐出演的韩国游宣传片可以领到"压岁钱"。

2. 迪拜：2016年2月1日至2月29日，银联卡持卡人在迪拜120多家知名商户可享10%~25%的折扣优惠，涵盖餐厅、购物中心和娱乐休闲等各个消费场所。迪拜旅游局官方网站还推出银联卡特惠专题页面。

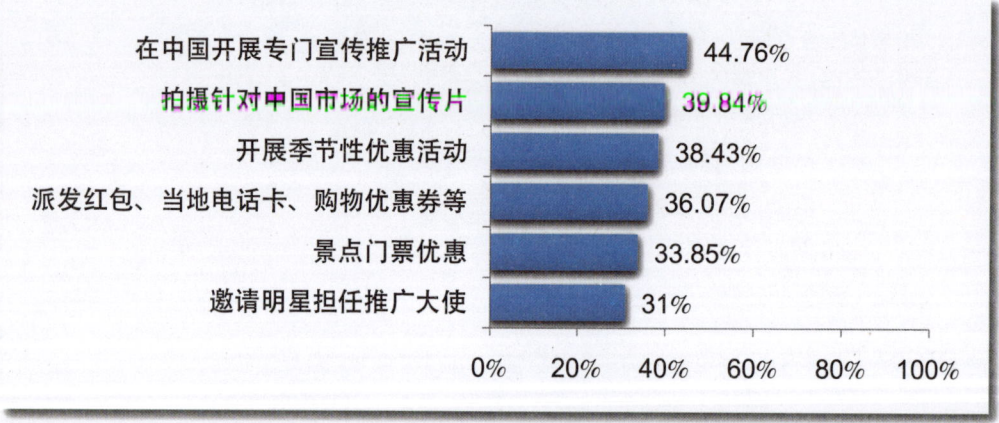

图73 营销活动对旅游成行的作用

## 六、中国出境游客对主题旅游的兴趣

### （一）他们对各类主题旅游的兴趣

各类主题旅游中，邮轮游"一枝独秀"，接近八成的中国出境游客未来有邮轮旅游意愿。其次为家庭游、亲子游、蜜月游、购物游和自驾游，感兴趣的中国出境游客也均超过 1/4。

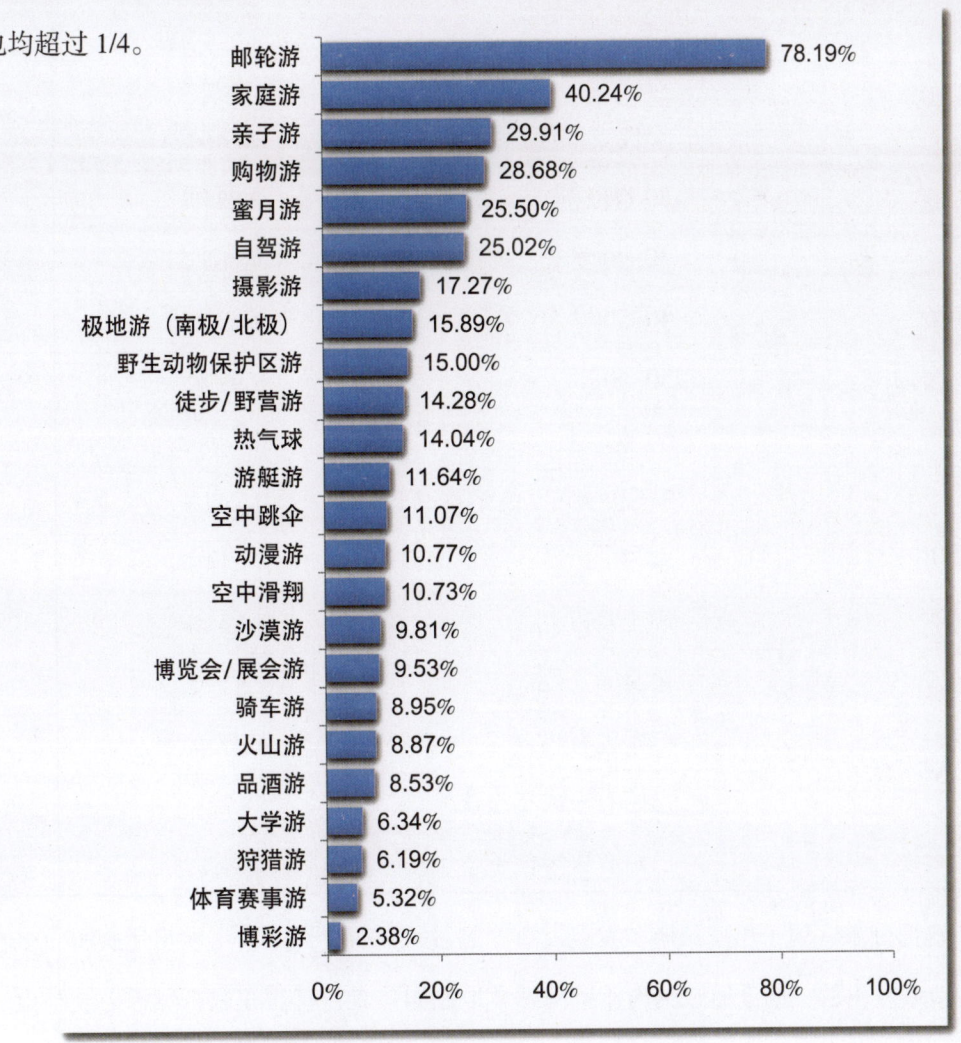

图 74 中国出境游客对各类主题旅游的兴趣

## （二）他们对邮轮旅游的兴趣

对邮轮旅游感兴趣的中国出境游客，女性居多，年龄多在30~40岁之间，学历较高，已婚且小孩未成年，收入较高（平均家庭月收入约为23889元人民币，平均个人月收入约为13137元人民币）。

表5 对邮轮旅游感兴趣的中国游客人文特征

| 人文特征 | | 占比 |
| --- | --- | --- |
| 性别 | 男性 | 24.54% |
| | 女性 | 75.46% |
| 年龄 | 30岁以下 | 32.85% |
| | 30~40岁 | 45.65% |
| | 40~50岁 | 16.34% |
| | 50~60岁 | 3.92% |
| | 60岁以上 | 1.24% |
| 学历 | 高职/大专/高中及以下 | 16.42% |
| | 本科 | 71.14% |
| | 硕士及以上 | 12.44% |
| 婚姻家庭情况 | 单身 | 15.19% |
| | 已婚没有小孩 | 16.73% |
| | 已婚有未成年小孩 | 58.22% |
| | 已婚有成年孩子 | 9.86% |

这部分游客属于出境旅游"发烧友"，超过八成每年至少有1次出境旅游，多在法定节假日出游，偏爱通过国内旅游网站获取旅游信息，喜欢在旅行过程中或结束后

通过社交媒体分享旅游经历。其中超过三成的游客还没有邮轮旅游经历。

过去一年，短距离邮轮旅游中，前往东北亚的中国出境游客最多；长距离邮轮旅游中，前往加勒比海的中国出境游客最多；内河观光方面，前往伏尔加河和尼罗河的中国游客合计为一成左右。

未来，中国出境游客最为期待的邮轮旅游主要为地中海、加勒比海、东北亚、东南亚和北美太平洋东岸阿拉斯加。

高收入人群尤为青睐远距离邮轮旅游，包括加勒比海、北美太平洋东岸阿拉斯加、北美大西洋沿岸、北欧沿岸以及伏尔加河。

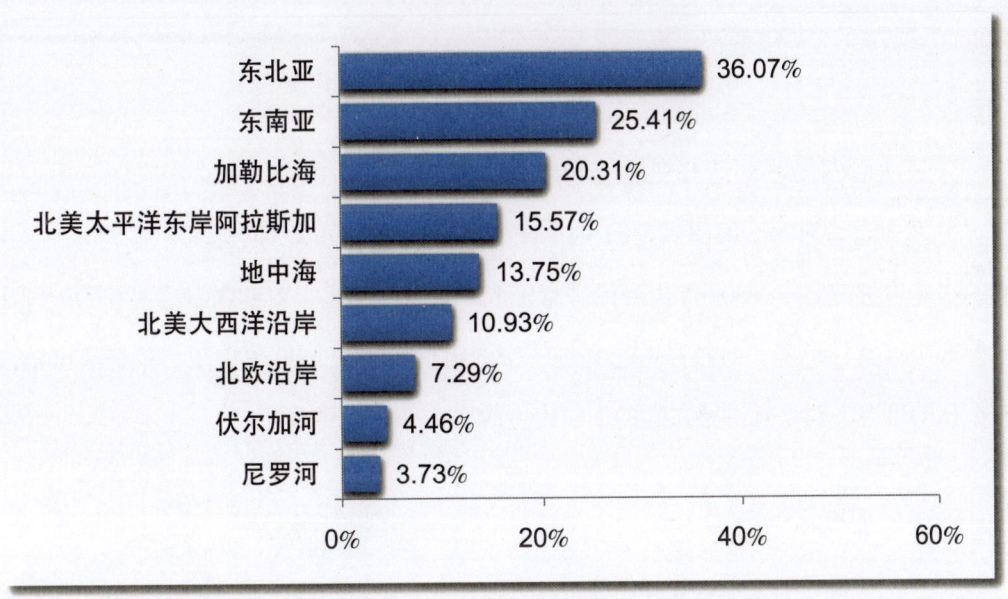

图 75 中国出境游客过去一年邮轮旅游经历

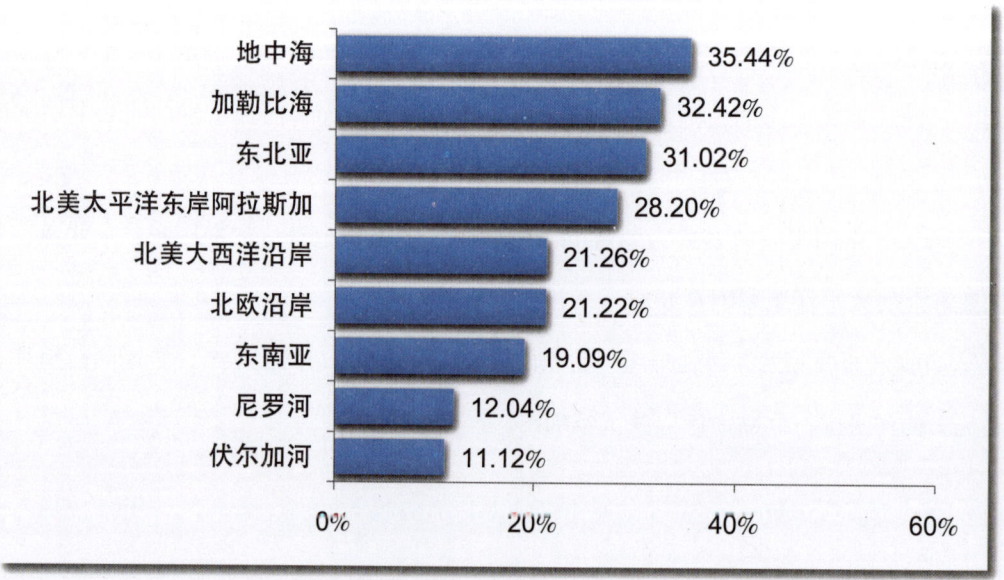

图 76 中国出境游客未来倾向的邮轮旅游航线

**（三）哪些游客对这些主题旅游感兴趣**

相对而言，对家庭游感兴趣的中国出境游客中，40 岁以上的更多。对亲子游感兴趣的中国出境游客中，30~45 岁且已婚有未成年孩子的更多。对购物游感兴趣的中国出境游客中，女性更多。对蜜月游感兴趣的中国出境游客中，30 岁以下、单身或已婚没有小孩的更多。对自驾游感兴趣的中国出境游客中，男性更多。

表6 对家庭游感兴趣的中国游客的人文特征

| 人文特征 | | 占比 |
|---|---|---|
| 性别 | 男性 | 32.56% |
| | 女性 | 67.44% |
| 年龄 | 30岁以下 | 32.21% |
| | 30~40岁 | 34.33% |
| | 40~50岁 | 19.94% |
| | 50~60岁 | 9.58% |
| | 60岁以上 | 3.94% |
| 学历 | 高职/大专/高中及以下 | 32.44% |
| | 本科 | 56.98% |
| | 硕士及以上 | 10.58% |
| 婚姻家庭情况 | 单身 | 18.06% |
| | 已婚没有小孩 | 16.59% |
| | 已婚有未成年小孩 | 46.83% |
| | 已婚有成年孩子 | 18.52% |
| 家庭平均月收入（人民币） | | 18242元 |
| 个人平均月收入（人民币） | | 11562元 |

表7 对亲子游感兴趣的中国游客的人文特征

| 人文特征 | | 占比 |
|---|---|---|
| 性别 | 男性 | 31.1% |
| | 女性 | 68.9% |
| 年龄 | 30岁以下 | 30.01% |
| | 30~40岁 | 46.59% |
| | 40~50岁 | 17.68% |
| | 50~60岁 | 4.74% |
| | 60岁以上 | 0.98% |
| 学历 | 高职/大专/高中及以下 | 29.46% |
| | 本科 | 60.09% |
| | 硕士及以上 | 10.45% |
| 婚姻家庭情况 | 单身 | 13.8% |
| | 已婚没有小孩 | 11.28% |
| | 已婚有未成年小孩 | 65.73% |
| | 已婚有成年孩子 | 9.19% |
| 家庭平均月收入（人民币） | | 18706元 |
| 个人平均月收入（人民币） | | 12093元 |

表8 对购物游感兴趣的中国游客的人文特征

| 人文特征 | | 占比 |
|---|---|---|
| 性别 | 男性 | 27.46% |
| | 女性 | 72.54% |
| 年龄 | 30 岁以下 | 39.05% |
| | 30~40 岁 | 35.69% |
| | 40~50 岁 | 18.47% |
| | 50~60 岁 | 5.59% |
| | 60 岁以上 | 1.2% |
| 学历 | 高职/大专/高中及以下 | 25.94% |
| | 本科 | 64.01% |
| | 硕士及以上 | 10.05% |
| 婚姻家庭情况 | 单身 | 24.88% |
| | 已婚没有小孩 | 19.61% |
| | 已婚有未成年小孩 | 44.21% |
| | 已婚有成年孩子 | 11.3% |
| 家庭平均月收入（人民币） | | 20336 元 |
| 个人平均月收入（人民币） | | 13026 元 |

表9 对蜜月游感兴趣的中国游客的人文特征

| 人文特征 | | 占比 |
|---|---|---|
| 性别 | 男性 | 33.59% |
| | 女性 | 66.41% |
| 年龄 | 30岁以下 | 60.79% |
| | 30~40岁 | 29.66% |
| | 40~50岁 | 7.04% |
| | 50~60岁 | 2.18% |
| | 60岁以上 | 0.33% |
| 学历 | 高职/大专/高中及以下 | 29.1% |
| | 本科 | 59.24% |
| | 硕士及以上 | 11.66% |
| 婚姻家庭情况 | 单身 | 39.26% |
| | 已婚没有小孩 | 26.63% |
| | 已婚有未成年小孩 | 29.47% |
| | 已婚有成年孩子 | 4.64% |
| 家庭平均月收入（人民币） | | 16664元 |
| 个人平均月收入（人民币） | | 12181元 |

表 10 对自驾游感兴趣的中国游客的人文特征

| 人文特征 | | 占比 |
| --- | --- | --- |
| 性别 | 男性 | 37.16% |
| | 女性 | 62.84% |
| 年龄 | 30 岁以下 | 37.86% |
| | 30~40 岁 | 36.37% |
| | 40~50 岁 | 18.19% |
| | 50~60 岁 | 5.88% |
| | 60 岁以上 | 1.7% |
| 学历 | 高职/大专/高中及以下 | 31.35% |
| | 本科 | 58.13% |
| | 硕士及以上 | 10.52% |
| 婚姻家庭情况 | 单身 | 22.88% |
| | 已婚没有小孩 | 19.66% |
| | 已婚有未成年小孩 | 45.11% |
| | 已婚有成年孩子 | 12.35% |
| 家庭平均月收入（人民币） | | 18585 元 |
| 个人平均月收入（人民币） | | 11948 元 |

## 七、对中国旅游业态发展变化的探索性研究

本次调查中，联合会和益普索充分利用消费者调查数据，融合相关旅游大数据，结合联合会其他研究成果和相关社会资讯，对中国旅游业态进行了比较深入的分析，希望在消费者调查的基础上，为会员城市和机构会员提供更有价值的参考与借鉴。

**1. 营销市场和分销渠道发生了巨大的变化**

根据中国国家旅游局相关数据显示，截至2016年第一季度，中国大约有28000余家旅行社。其中排名前20的旅行社（包含在线旅游机构）占据了最大的市场份额（46%），并在市场资源和营销渠道的整合上加大布局，以更大的投入实现规模化营销运作的扩张发展，百亿元人民币营业额已是入列规模化发展的最低门款。而80%以上的中小型旅行社已经发展乏力，不断被大型旅行社以各种方式进行整合。很多中小型旅行社的市场定位或发展目标已成为加入大型旅行社后仍可保持自己某些独立产品的策划和运作。

大型旅行社致力于成为旅游业的先行者和市场潮流的领导者。通过更加高效的技术平台和更多的研发及宣传投入，丰富产品设计，扩大品牌知名度和市场影响力，塑造消费者广泛接受的品牌优势。同时，大型旅行社还将线上旅游与线下旅游进一步叠加融合，创建服务社会公众旅游的大型门户网站，打造提供综合旅游产品服务的大型平台。

**2. 以特定模式占领行业的强势主导地位是当前业内扩张的主要特点**

大型旅游企业在扩张阶段的巨大投入，主要是为了建立产品设计、营销网络、分销渠道有效网络化运行的技术接口，从而建立服务社会公众的超级旅游平台，将线上和线下业务融为一体，技术对接、产品质量与服务标准、内部流程对接是整合的重点，

最终实现资源互融、互相配合与支持、共同参与、合并运作、责任分担、利益共享。技术系统化、市场覆盖率、产品覆盖率、经营规模化、营销网络直接触及面是否占据突出的全面优势，是市场竞争的关键。

现代经商是一个系统工程，思想领先和技术创新永远优先于其他方面。没有规模化的销售，就没有规模化企业的生存与发展，中国旅游业越来越着重于规模化的发展。旅游目的地的市场宣传与推广，须加强与这些快速发展的规模化运营的企业开展合作。

**3. 互联网特别是移动互联网的普遍运用对在线旅游产生深刻影响**

截至2015年12月，中国网民规模达到6.88亿，互联网普及率达到50.3%，半数中国人已接入互联网。手机上网使用率高达90.1%，远高于台式电脑和笔记本电脑接入互联网的比例（67.6%和38.7%）。每个网民每天花费在互联网上的平均时间超过3个小时。

移动互联网的飞速发展对在线旅游产生深刻影响，中国最大在线旅游机构的官方网站日均浏览总量达6700万，而传统旅游机构的官方网站日均浏览总量约为100万。

在线旅游机构的业务总量中，团队旅游占34.8%，酒店预订业务占29.2%，机票预订业务占27.3%，其他业务占8.7%。中国公民出境旅游业务在其业务总量中的比重从2014年的25%上升至2015年的32%。

在线旅游机构在旅游资源采购能力和团队建设上比以前更强，价格优势更加明显，市场促销和奖励的力度也更大。同时，传统旅游机构依靠其长期建立的品牌优势和固定客源市场，以及系统化的运作体系和质量保证，可以重点发展其在线旅游的直接营销。

## 八、对境外旅游城市和相关旅游机构的建议

**1. 适应中国出境旅游新变化、新特点,深挖特色文化,提供独特旅行体验**

越来越多的中国游客希望在境外旅游时,可以更好地欣赏当地的独有风光,体验当地的特色文化。建议境外旅游城市和旅游机构进一步开发相应的旅游产品和服务,帮助中国出境游客在短暂的行程当中可以较为深入地融入当地民众的真实生活,体验完全区别于中国、其他国家或城市的生活方式、人文建筑和自然风光,让中国出境游客留下独一无二的旅行体验。

**2. 做好中国出境游客细分研究,提供差异化、个性化、定制化的旅游产品和服务**

出境旅游的中国游客越来越多,频繁出境旅游的中国游客越来越多,中国游客对旅游产品和服务的要求也越来越多、越来越高,做好中国出境游客细分研究,开发差异化、个性化、定制化的旅游产品和服务将是吸引中国游客的关键。在开展细分研究时,建议重点关注中国游客所处的人生阶段、收入水平、旅游目的、兴趣爱好、旅游经历等差异。高收入人群尤为值得关注,相关调查显示,中国高收入人群的消费很大程度上引领着中国消费的导向。

**3. 强化线上旅游服务提供,提高线上旅游服务体验**

线上旅游已成为中国游客境外旅游时的重要组成部分,境外旅游城市须加强中文官方网站、中文微博和微信公众号的建设,加强与中国国内旅行社、旅游网站的合作,寻找好的、稳固的合作方。

另外，我们还建议：基于中国游客信息关注重点，强化信息提供的实用性和丰富性，特别是景点信息、餐饮信息、购物信息、住宿信息和交通出行信息；加强与中国国内旅行社、旅游网站、电商网站的合作，提供餐厅、酒店的预订，提供景点、娱乐场所门票的预订与购买；将资讯平台中的游记攻略与服务供应有效连接起来，跟目的地的广告宣传联合起来。

# 附录 中国公民出境（城市）旅游消费市场调查项目问卷

**声明：版权所有，未经书面授权，请勿引用**

您好！我们正在进行一项关于中国公民消费的调研，希望能够听取您的宝贵意见。

请您放心，本次访问是基于自愿原则，数据仅供分析使用，不会对您个人产生任何影响。您的回答及信息都将做严格的保密处理。谢谢您的配合！

## 第一部分 甄别问卷

【单选】S1 请问您的工作属于以下哪个行业？

| | | |
|---|---|---|
| 市场研究公司/广告公司 | 1 | 致谢并结束访问 |
| 市场营销公司 | 2 | |
| 广播/电视/报社/杂志等媒介 | 3 | |
| 公关行业 | 4 | |
| 旅游局、旅行社、旅游网站 | 5 | |
| 银行/金融行业 | 6 | 继续访问 S2 |
| 家电行业 | 7 | |
| IT 电子行业 | 8 | |
| 以上都没有 | 9 | |

【多选】S2 请问过去 3 个月，您参加过以下哪些类型的市场调查？

| | | |
|---|---|---|
| 旅游类 | 1 | 致谢并结束访问 |
| 金融类 | 2 | |
| 网络类 | 3 | |
| 食品类 | 4 | |
| 个人护理类 | 5 | 继续访问 S3 |
| 广告类 | 6 | |
| 汽车类 | 7 | |
| 其他消费类 | 8 | |
| 以上都没有 | 9 | |

**【多选】S3 请问您本人在过去一年内，有过以下哪种旅游经历？**

| 国内旅游，不包含港澳台地区 | 1 | 如果被访者仅选择 1 或仅选择 2 则致谢并结束访问，其他情况继续访问 A1 |
|---|---|---|
| 港澳台地区旅游 | 2 | |
| 国外旅游 | 3 | |
| 没有旅游经历 | 4 | 致谢并结束访问 |

## 第二部分 主问卷

### 一、整体情况

**【单选】A1 请问您去境外旅游的频次是怎么样的？**

| 目前只去过 1 次境外城市 | 1 | 每年 1 次 | 2 | 每年多次 | 3 |
|---|---|---|---|---|---|
| 2~3 年 1 次 | 4 | 3~5 年 1 次 | 5 | 其他情况 | 6 |

**【单选】A2 截至目前，请问您有过多少次出境访问和旅游经历？包括因公，也包括因私。**

| 1 次 | 1 | 2~3 次 | 2 | 4~5 次 | 3 |
|---|---|---|---|---|---|
| 6~7 次 | 4 | 8~9 次 | 5 | 10 次及以上 | 6 |

**【多选】A3 请问过去一年，您都去过哪些境外城市/国家？**

| 亚洲 | | | | | |
|---|---|---|---|---|---|
| 香港/澳门/台湾（中国） | 1 | 东京（日本） | 2 | 大阪（日本） | 3 |
| 名古屋（日本） | 4 | 神户（日本） | 5 | 奈良（日本） | 6 |
| 福冈（日本） | 7 | 札幌（日本） | 8 | 冲绳（日本） | 9 |
| 首尔（韩国） | 10 | 釜山（韩国） | 11 | 光州（韩国） | 12 |
| 仁川（韩国） | 13 | 济州岛（韩国） | 14 | 新加坡（新加坡） | 15 |
| 吉隆坡（马来西亚） | 16 | 槟城（马来西亚） | 17 | 马六甲（马来西亚） | 18 |
| 曼谷（泰国） | 19 | 清迈（泰国） | 20 | 芭提雅（泰国） | 21 |
| 金边（柬埔寨） | 22 | 吴哥（柬埔寨） | 23 | 雅加达（印尼） | 24 |
| 万隆（印尼） | 25 | 丹戎潘丹（印尼） | 26 | 加德满都（尼泊尔） | 27 |
| 新德里（印度） | 28 | 孟买（印度） | 29 | 科伦坡（斯里兰卡） | 30 |
| 阿努拉德普勒（斯里兰卡） | 31 | 马尔代夫 | 32 | 阿拉木图（哈萨克斯坦） | 33 |

# 中国公民出境（城市）旅游消费市场调查报告
（2015—2016）

| 阿斯塔纳（哈萨克斯坦） | 34 | 迪拜（阿联酋） | 35 | 特拉维夫-雅法（以色列） | 36 |
|---|---|---|---|---|---|
| 耶路撒冷（以色列） | 37 | 安卡拉（土耳其） | 38 | 伊斯坦布尔（土耳其） | 39 |
| 太平洋岛屿 | | | | | |
| 塞班岛（美国） | 40 | 帕劳群岛 | 41 | | |
| 欧洲 | | | | | |
| 伦敦（英国） | 42 | 威尔士（英国） | 43 | 爱丁堡（英国） | 44 |
| 都柏林（爱尔兰） | 45 | 哥本哈根（丹麦） | 46 | 斯德哥尔摩（瑞典） | 47 |
| 奥斯陆（挪威） | 48 | 赫尔辛基（芬兰） | 49 | 阿姆斯特丹（荷兰） | 50 |
| 日内瓦（瑞士） | 51 | 苏黎世（瑞士） | 52 | 柏林（德国） | 53 |
| 汉堡（德国） | 54 | 科隆（德国） | 55 | 慕尼黑（德国） | 56 |
| 法兰克福（德国） | 57 | 卢森堡（卢森堡） | 58 | 布鲁塞尔（比利时） | 59 |
| 巴黎（法国） | 60 | 马里戈特（法国） | 61 | 尼斯（法国） | 62 |
| 马赛（法国） | 63 | 戛纳（法国） | 64 | 波尔多（法国） | 65 |
| 摩纳哥（摩纳哥） | 66 | 罗马（意大利） | 67 | 米兰（意大利） | 68 |
| 都灵（意大利） | 69 | 比萨（意大利） | 70 | 威尼斯（意大利） | 71 |
| 佛罗伦萨（意大利） | 72 | 那不勒斯（意大利） | 73 | 庞贝古城（意大利） | 74 |
| 雅典（希腊） | 75 | 萨洛尼卡（希腊） | 76 | 尼科西亚（塞浦路斯） | 77 |
| 瓦莱塔（马耳他） | 78 | 马德里（西班牙） | 79 | 巴塞罗那（西班牙） | 80 |
| 塞维利亚（西班牙） | 81 | 里斯本（葡萄牙） | 82 | 维也纳（奥地利） | 83 |
| 布拉格（捷克） | 84 | 布达佩斯（匈牙利） | 85 | 索菲亚（保加利亚） | 86 |
| 普罗夫迪夫（保加利亚） | 87 | 大特尔诺沃（保加利亚） | 88 | 帕莫瑞（保加利亚） | 89 |
| 瓦尔纳（保加利亚） | 90 | 明斯克（白俄罗斯） | 91 | 里加（拉脱维亚） | 92 |
| 华沙（波兰） | 93 | 莫斯科（俄罗斯） | 94 | 圣彼得堡（俄罗斯） | 95 |
| 伏尔加河城市（俄罗斯） | 96 | 远东城市（俄罗斯） | 97 | 贝尔格莱德（塞尔维亚） | 98 |
| 美洲 | | | | | |
| 华盛顿（美国） | 99 | 洛杉矶（美国） | 100 | 旧金山（美国） | 101 |
| 纽约（美国） | 102 | 波士顿（美国） | 103 | 休斯顿（美国） | 104 |
| 芝加哥（美国） | 105 | 拉斯维加斯（美国） | 106 | 夏威夷（美国） | 107 |
| 科罗拉多大峡谷（美国） | 108 | 尼亚加拉瀑布（美国） | 109 | 黄石公园（美国） | 110 |
| 渥太华（加拿大） | 111 | 多伦多（加拿大） | 112 | 温哥华（加拿大） | 113 |

| 蒙特利尔（加拿大） | 114 | 尼亚加拉瀑布（加拿大） | 115 | 墨西哥城（墨西哥） | 116 |
| --- | --- | --- | --- | --- | --- |
| 蒙特雷（墨西哥） | 117 | 坎昆（墨西哥） | 118 | 里约热内卢（巴西） | 119 |
| 布宜诺斯艾利斯（阿根廷） | 120 | 基多（厄瓜多尔） | 121 | 圣地亚哥（智利） | 122 |
| 非洲 | | | | | |
| 开罗（埃及） | 123 | 卢克索（埃及） | 124 | 拉巴特（摩洛哥） | 125 |
| 菲斯（摩洛哥） | 126 | 卡萨布兰卡（摩洛哥） | 127 | 马拉喀什/撒哈拉沙漠（摩洛哥） | 128 |
| 维多利亚（塞舌尔） | 129 | 阿布贾（尼日利亚） | 130 | 突尼斯市（突尼斯） | 131 |
| 开普敦（南非） | 132 | 比利陀利亚（南非） | 133 | 内罗毕（肯尼亚） | 134 |
| 蒙巴萨（肯尼亚） | 135 | 位于东非的国家公园 | 136 | 位于西非的国家公园 | 137 |
| 阿比让（科特迪瓦） | 138 | 达喀尔（塞内加尔） | 139 | | |
| 大洋洲 | | | | | |
| 悉尼（澳大利亚） | 140 | 墨尔本（澳大利亚） | 141 | 堪培拉（澳大利亚） | 142 |
| 布里斯班（澳大利亚） | 143 | 凯恩斯/大堡礁（澳大利亚） | 144 | 惠灵顿（新西兰） | 145 |
| 奥克兰（新西兰） | 146 | | | | |
| 其他国家的其他城市 | | | | | |
| 其他国家的城市（国家和城市名称） | 147 | | | | |

【单选】A4 请问您前往该城市旅游，选择了以下哪种方式？

| 参团游 | 1 | 半自由行 | 3 |
| --- | --- | --- | --- |
| 自由行 | 2 | 私人订制 | 4 |

【单选】A5 请问您前往该城市旅游前通过哪种方式预订的旅行团？

| 旅行社门市预订 | 1 | 旅行社网上预订 | 2 | 旅行社APP预订 | 3 |
| --- | --- | --- | --- | --- | --- |
| 旅游网站网上预订 | 4 | 旅游网站APP预订 | 5 | 网上直接向旅游城市当地预订 | 6 |
| 其他 | 7 | | | | |

【单选】A6 请问您前往该城市旅游，是什么时间去的？

| 春节假期/寒假 | 1 | 国庆假期 | 2 | 小长假（端午、清明、五一、中秋等） | 3 |
| --- | --- | --- | --- | --- | --- |
| 暑假 | 4 | 其他时间 | 5 | | |

# 中国公民出境（城市）旅游消费市场调查报告
（2015—2016）

【单选】A7 如果未来实行"周五下午+周末"2.5天小短假，请问您是否会考虑出境旅游？

| 会考虑，但不会额外请假以延长假期时间 | 1 | 会考虑，会额外请假以延长假期时间 | 2 |
| --- | --- | --- | --- |
| 不好说 | 3 | 不考虑 | 4 |

【单选】A8 请问您每年年假可以全部休完吗？

| 可以全部休完 | 1 | 仅休完不到一半的年假 | 2 |
| --- | --- | --- | --- |
| 休完的年假超过一半，但没有全部休完 | 3 | 完全休不完 | 4 |

【单选】A9 请问您的年假，最常用来做什么？

| 居家休息 | 1 | 陪伴家人 | 2 | 购物逛街 | 3 |
| --- | --- | --- | --- | --- | --- |
| 体育锻炼 | 4 | 休闲娱乐 | 5 | 市内旅游 | 6 |
| 周边旅游 | 7 | 出境旅游 | 8 | 其他 | 9 |

【多选】A10 请问您前往该城市旅游，主要是为了什么？

| 旅游/观光 | 1 | 休闲/度假 | 2 |
| --- | --- | --- | --- |
| 探亲访友 | 3 | 商务会议/公务活动 | 4 |
| 购物 | 5 | 修学/游学/考察学校 | 6 |
| 美食 | 7 | 特殊兴趣，如摄影、博彩、登山探险、观看比赛等 | 8 |
| 没有特别目的，已习惯前往境外旅游 | 9 | 没有特别目的，出境旅游已是必要的生活补充和调节 | 10 |
| 其他目的 | 11 | | |

【单选】A11 请问您前往该城市旅游时，不包括旅行团其他团员，与您同行的大约有多少人？

| 没有人同行 | 1 | 1人 | 2 | 2~3人 | 3 |
| --- | --- | --- | --- | --- | --- |
| 4~5人 | 4 | 6人及以上 | 5 | | |

【单选】A12 请问您前往该城市旅游，与您同行的大约有多少人？

| 没有人同行 | 1 | 1人 | 2 | 2~3人 | 3 |
| --- | --- | --- | --- | --- | --- |
| 4~5人 | 4 | 6人及以上 | 5 | | |

【多选】A13 请问您前往该城市旅游，跟您同行的都是哪些人？

| 家人 | 1 | 朋友 | 2 | 同学 | 3 | 同事 | 4 |
|---|---|---|---|---|---|---|---|
| "驴友" | 5 | 其他 | 6 | | | | |

【多选】A14 请问以下哪些因素吸引您前往该城市旅游？

| 因知名而前往 | 1 | 因电视节目 | 2 | 因朋友推荐 | 3 | 因网络宣传介绍 | 4 |
|---|---|---|---|---|---|---|---|
| 因视频新媒体宣传介绍 | 5 | 因纪录片 | 6 | 因旅游资讯频道宣传介绍 | 7 | 因报刊杂志宣传 | 8 |
| 因优惠促销 | 9 | 因假期度假 | 10 | 因感受好再次带家人旅游 | 11 | 因喜爱而重游 | 12 |
| 因新节目再游 | 13 | 因信任而选择 | 14 | 因美食前往 | 15 | 因美景而向往 | 16 |
| 因购物前往 | 17 | 因婚恋浪漫 | 18 | 因神秘前往 | 19 | 因文化博览 | 20 |
| 因历史古迹 | 21 | 因学习拓展 | 22 | 因商务会议 | 23 | 因大型节庆 | 24 |
| 因特殊兴趣 | 25 | 因异域风情 | 26 | 因未曾去过 | 27 | 因生态环境 | 28 |
| 因山水风光 | 29 | 因野生动物 | 30 | 因鲜花烂漫 | 31 | 因海滨风光 | 32 |
| 其他个人兴趣 | 33 | | | | | | |

【单选】A15 请问该城市是您这次旅游过程中的第几个城市呢？

| 多个城市中的第一个 | 1 | 多个城市中间的一个 | 2 |
|---|---|---|---|
| 多个城市中的最后一个 | 3 | 本次旅游只去了一个城市 | 4 |

【单选】A16 请问您前往该城市的这次境外旅游，不包含往返路程，一共花费了几天时间？

| 停留不到半天 | 1 | 停留半天以上，但没有过夜 | 2 | 1~2 天 | 3 |
|---|---|---|---|---|---|
| 3~5 天 | 4 | 6~8 天 | 5 | 8 天以上 | 6 |

【单选】A17 请问您在该城市待了几天？

| 停留不到半天 | 1 | 停留半天以上，但没有过夜 | 2 | 1~2 天 | 3 |
|---|---|---|---|---|---|
| 3~5 天 | 4 | 6~8 天 | 5 | 8 天以上 | 6 |

【单选】A18 请问您前往该城市的这次境外旅游,缴纳旅行团的费用大约是多少钱(人民币)？

| 花费≤5000元 | 1 | 5000元＜花费≤10000元 | 2 | 10000元＜花费≤20000元 | 3 |
|---|---|---|---|---|---|
| 20000元＜花费≤30000元 | 4 | 30000元＜花费≤40000元 | 5 | 40000元＜花费≤50000元 | 6 |
| 花费＞50000元 | 7 | | | | |

# 中国公民出境（城市）旅游消费市场调查报告
（2015—2016）

**【单选】A19 请问您前往该城市的这次境外旅游，自行消费大约是多少钱（人民币）？**

| 花费 ≤ 5000 元 | 1 | 5000 元 < 花费 ≤ 10000 元 | 2 | 10000 元 < 花费 ≤ 20000 元 | 3 |
|---|---|---|---|---|---|
| 20000 元 < 花费 ≤ 30000 元 | 4 | 30000 元 < 花费 ≤ 40000 元 | 5 | 40000 元 < 花费 ≤ 50000 元 | 6 |
| 花费 > 50000 元 | 7 | | | | |

**【单选】A20 请问您前往该城市的这次境外旅游，一共大约花费了多少钱（人民币）？**

| 花费 ≤ 5000 元 | 1 | 5000 元 < 花费 ≤ 10000 元 | 2 | 10000 元 < 花费 ≤ 20000 元 | 3 |
|---|---|---|---|---|---|
| 20000 元 < 花费 ≤ 30000 元 | 4 | 30000 元 < 花费 ≤ 40000 元 | 5 | 40000 元 < 花费 ≤ 50000 元 | 6 |
| 花费 > 50000 元 | 7 | | | | |

**【单选】A21 其中哪方面花费最多？**

| 购物 | 1 | 餐饮 | 2 | 住宿 | 3 |
|---|---|---|---|---|---|
| 景点门票 | 4 | 交通出行 | 5 | 娱乐 | 6 |
| 小费 | 7 | 自费项目 | 8 | 其他 | 9 |

**【单选】A22 请问您在境外旅游时的实际支出，是否超出您的预算？**

| 超出，且超出很多 | 1 | 超出，但没有超出很多 | 2 |
|---|---|---|---|
| 支出与预算相当 | 3 | 没有超出预算 | 4 |
| 没有做预算 | 5 | | |

**【单选】A23 请问您过去一年的旅游总支出占您所有生活支出的百分比大约是多少？**

| 10% 及以下 | 1 | 11%~20% | 2 | 21%~30% | 3 | 31%~40% | 4 |
|---|---|---|---|---|---|---|---|
| 41%~50% | 5 | 50% 以上 | 6 | 不清楚 | 7 | | |

**【多选】A24 请问您在出发前往该城市之前，有哪些方面的担心呢？**

| 语言障碍 | 1 | 服务质量 | 2 | 产品质量 | 3 |
|---|---|---|---|---|---|
| 标识 | 4 | 人身财产安全 | 5 | 生病医疗救助 | 6 |
| 文化差异 | 7 | 公共卫生及各种疾病 | 8 | 旅游地国内安全形势 | 9 |
| 国家之间的关系 | 10 | 公众与个人的尊重和友谊 | 11 | 其他 | 12 |
| 以上都不担心 | 13 | | | | |

【多选】A25 请问您在旅行过程中主要担心以下哪些方面呢？

| 餐饮 | 1 | 住宿 | 2 | 交通 | 3 | 游览 | 4 |
|---|---|---|---|---|---|---|---|
| 购物 | 5 | 娱乐 | 6 | 其他 | 7 | 以上都不担心 | 8 |

## 二、信息查询

【多选】A26 请问您在出发之前，都查询了与该城市有关的哪些信息？

| 餐饮 | 1 | 住宿 | 2 | 交通 | 3 |
|---|---|---|---|---|---|
| 景点 | 4 | 购物 | 5 | 娱乐 | 6 |
| 历史 | 7 | 地理 | 8 | 风土人情/节庆信息 | 9 |
| 重大活动 | 10 | 安全因素 | 11 | 其他 | 12 |

【单选】A27 请问您查询与该城市相关的旅游信息，大概花费了多长时间？

| 不到1天 | 1 | 1~2天 | 2 | 3~5天 | 3 |
|---|---|---|---|---|---|
| 6~8天 | 4 | 9~10天 | 5 | 10天以上 | 6 |

【单选】A28 其中哪类信息的查询花费最多时间？

| 餐饮 | 1 | 住宿 | 2 | 交通 | 3 |
|---|---|---|---|---|---|
| 景点 | 4 | 购物 | 5 | 娱乐 | 6 |
| 历史 | 7 | 地理 | 8 | 风土人情/节庆信息 | 9 |
| 重大活动 | 10 | 安全因素 | 11 | 其他 | 12 |

【多选】A29 请问您主要通过哪些渠道获取了上述信息？

| 旅行社门市或旅行社官方网站 | 1 | 国内旅游网站 | 2 |
|---|---|---|---|
| 亲朋好友咨询 | 3 | 境外城市组织的推广活动 | 4 |
| 境外旅行社官方网站 | 5 | 境外旅行社以外的旅游网站 | 6 |
| 境外政府网站 | 7 | 微博 | 8 |
| 微信公众号 | 9 | 旅游展会/旅游册子 | 10 |
| 旅游书籍/百科全书等 | 11 | 世界旅游城市联合会的网站/微博/微信 | 12 |
| 其他 | 13 | | |

# 中国公民出境（城市）旅游消费市场调查报告
（2015—2016）

【单选】A30 在获取信息的渠道中，请问哪个渠道对您帮助最大？

| 旅行社门市或旅行社官方网站 | 1 | 国内旅游网站 | 2 |
| 亲朋好友咨询 | 3 | 境外城市组织的推广活动 | 4 |
| 境外旅行社官方网站 | 5 | 境外旅行社以外的旅游网站 | 6 |
| 境外政府网站 | 7 | 微博 | 8 |
| 微信公众号 | 9 | 旅游展会/旅游册子 | 10 |
| 旅游书籍/百科全书等 | 11 | 世界旅游城市联合会的网站/微博/微信 | 12 |
| 其他 | 13 | | |

【多选】A31 请问您搜索相关信息时，使用的关键词是什么？

| 城市名称 | 1 | 景点名称 | 2 | 购物、美食等 | 3 |
| 景点类型（如博物馆、购物中心等） | 4 | 旅游攻略、游记 | 5 | 地点名称 | 6 |
| 历史人物 | 7 | 故事传说 | 8 | 重大事件 | 9 |
| 名品名酒 | 10 | 其他 | 11 | | |

【多选】A32 请问您在查询信息时，主要关注哪些方面呢？

| 查询到的信息是否丰富 | 1 | 查询到的信息是否实用 | 2 |
| 查询到的信息是否容易理解 | 3 | 查询到的信息是否系统条理 | 4 |
| 查询到的信息是否被很好整合 | 5 | 不同渠道查询到的信息是否一致 | 6 |
| 不同渠道查询到的信息是否存在较大雷同 | 7 | 其他 | 8 |

## 三、签证办理

【多选】A33 请问您在出发前往该城市之前，办理签证时，主要关注哪些方面？

| 须准备的材料种类及数量 | 1 | 须填写的表格 | 2 |
| 办理的时长 | 3 | 签证费用 | 4 |
| 是否需要面签 | 5 | 是否可以自行办理 | 6 |
| 是否可以委托代办 | 7 | 是否可以免签 | 8 |
| 是否可以落地签 | 9 | 其他 | 10 |

## 四、餐饮

【多选】A34 请问您在该城市,选择了哪些餐饮?

| 中餐 | 1 | 西餐 | 2 | 当地餐 | 3 |
| --- | --- | --- | --- | --- | --- |
| 自助餐 | 4 | 特色餐 | 5 | 知名餐饮 | 6 |
| 其他 | 7 | | | | |

【单选】A35 请问这些餐饮中,您最喜欢哪类餐饮?

| 中餐 | 1 | 西餐 | 2 | 当地餐 | 3 |
| --- | --- | --- | --- | --- | --- |
| 自助餐 | 4 | 特色餐 | 5 | 知名餐饮 | 6 |
| 其他 | 7 | | | | |

【多选】A36 请问您在该城市,选择了哪些地方就餐?

| 快餐店 | 1 | 普通餐厅 | 2 | 中档餐厅 | 3 |
| --- | --- | --- | --- | --- | --- |
| 高档餐厅 | 4 | 米其林餐厅或推荐餐厅 | 5 | 夜市 | 6 |
| 其他 | 7 | | | | |

【多选】A37 请问您选择餐饮类型和就餐地点时,是通过哪些渠道获取相关信息的?

| 互联网搜索引擎查询 | 1 | 旅行社推荐 | 2 | 旅游网站推荐 | 3 |
| --- | --- | --- | --- | --- | --- |
| 亲朋好友推荐 | 4 | 当地旅游手册推荐 | 5 | 入住酒店推荐 | 6 |
| 当地广告 | 7 | 当地居民推荐 | 8 | 其他 | 9 |

【填空】A38 请问您在餐饮方面的花费占到旅游总花费的百分之多少? ____%

【多选】A39 请问您在就餐过程中,主要关注哪些方面?

| 餐厅的地理位置 | 1 | 餐饮的类型 | 2 |
| --- | --- | --- | --- |
| 是否为当地特色 | 3 | 餐厅的知名度 | 4 |
| 服务水平 | 5 | 菜品价格 | 6 |
| 是否有免费 Wi-Fi | 7 | 是否需要等候 | 8 |
| 是否支持银联卡刷卡 | 9 | 是否提供中文服务 | 10 |
| 是否提供中文菜单 | 11 | 是否为米其林餐厅或推荐餐厅 | 12 |
| 是否提供英文菜单 | 13 | 是否提供英文服务 | 14 |

# 中国公民出境（城市）旅游消费市场调查报告
（2015—2016）

| 是否推荐旅游攻略 | 15 | 小费/服务费收取是否合理 | 16 |
|---|---|---|---|
| 没有特别的考虑 | 17 | 其他 | 18 |

【多选】A40 请问您就餐时，更希望通过哪种方式支付餐费？

| 现金支付 | 1 | 银联卡刷卡支付 | 2 |
|---|---|---|---|
| Visa 卡或 Master 卡刷卡支付 | 3 | 电子支付，例如微信支付、支付宝、Apple Pay 等 | 4 |
| 其他 | 5 | | |

## 五、住宿

【多选】A41 请问您在该城市，入住了什么样的酒店或旅店？

| 豪华酒店（五星级及以上或类似五星级） | 1 | 高档酒店（四星级或类似四星级） | 2 |
|---|---|---|---|
| 中档酒店（三星级或类似三星级） | 3 | 经济型酒店 | 4 |
| 青年旅社 | 5 | 民宿 | 6 |
| 其他 | 7 | 没有入住酒店或旅店 | 8 |

【多选】A42 请问您在该城市，入住了什么位置的酒店或旅店？

| 商圈附近 | 1 | 景点附近 | 2 |
|---|---|---|---|
| 交通枢纽附近 | 3 | 距商圈/景区 10 分钟以内车程 | 4 |
| 距商圈/景区 10~30 分钟车程 | 5 | 距商圈/景区 30 分钟以上车程 | 6 |
| 郊区 | 7 | 其他 | 8 |

【多选】A43 请问您在该城市，入住酒店或旅店时选择了什么房型？

| 大床房 | 1 | 标准双人间 | 2 |
|---|---|---|---|
| 三人间 | 3 | 套房 | 4 |
| 公共多人间 | 5 | 行政商务房 | 6 |
| 豪华房 | 7 | 其他 | 8 |

【填空】A44 请问您在住宿方面的花费占到旅游总花费的百分之多少？ ＿＿＿＿％

【多选】A45 请问您在选择酒店或旅店时，主要关注哪些方面？

| 价格 | 1 | 地理位置 | 2 |
|---|---|---|---|
| 交通便利性 | 3 | 房型 | 4 |
| 是否含早餐 | 5 | 酒店品牌 | 6 |
| 过往的体验 | 7 | 促销活动 | 8 |
| 他人或媒体是否推荐 | 9 | 积分奖励计划 | 10 |
| 是否提供中文服务 | 11 | 是否提供英文服务 | 12 |
| 是否支持银联卡刷卡 | 13 | 小费/服务费收取标准 | 14 |
| 是否提供行李员服务 | 15 | 是否有电梯及电梯数量 | 16 |
| 办理入住/退房所需时间 | 17 | 其他 | 18 |
| 没有特别的考虑 | 19 | | |

【多选】A46 请问您入住酒店时，更希望通过哪种方式支付房费？

| 现金支付 | 1 | 银联卡刷卡支付 | 2 |
|---|---|---|---|
| Visa 卡或 Master 卡刷卡支付 | 3 | 电子支付，例如微信支付、支付宝、Apple Pay 等 | 4 |
| 其他 | 5 | | |

【多选】A47 请问您通过什么渠道预订酒店或旅店？

| 旅行社官方网站预订 | 1 | 旅行社电话预订 | 2 |
|---|---|---|---|
| 旅行社 APP 预订 | 3 | 旅游网站官方网站预订 | 4 |
| 旅行网站电话预订 | 5 | 旅游网站 APP 预订 | 6 |
| 酒店或旅店电话预订 | 7 | 同事朋友协助预订 | 8 |
| 其他 | 9 | 没有预订，直接入住 | 10 |

【多选】A48 请问您在选择预定渠道时，主要考虑哪些因素？

| 酒店价格是否优惠 | 1 | 酒店类型是否满足需求 | 2 |
|---|---|---|---|
| 酒店数量是否较多 | 3 | 信息是否真实 | 4 |
| 操作是否便利 | 5 | 评价是否较高 | 6 |
| 是否需要预付房费 | 7 | 是否需要信用卡预授权 | 8 |
| 是否能预订成功 | 9 | 预订成功后是否有确认短信或邮件 | 10 |
| 其他 | 11 | 没有特别的考虑 | 12 |

## 六、交通

【单选】A49 请问您更喜欢选择哪种航空公司出行？

| 国内航空公司 | 1 | 国内廉价航空公司 | 2 |
| --- | --- | --- | --- |
| 国际航空公司 | 3 | 国际廉价航空公司 | 4 |
| 其他 | 5 | 无偏好 | 6 |

【单选】A50 请问您一般选择哪种舱位？

| 特价舱 | 1 | 经济舱 | 2 |
| --- | --- | --- | --- |
| 超级/高端经济舱 | 3 | 商务舱/公务舱 | 4 |
| 头等舱 | 5 | 无偏好 | 6 |

【单选】A51 请问您喜欢直飞还是中转？

| 直飞 | 1 | 中转 | 2 |
| --- | --- | --- | --- |
| 无偏好 | 3 | | |

【多选】A52 请问您为什么喜欢中转？

| 长途飞行时间太长，需要缓解 | 1 | 选择特定中转城市去购物 | 2 |
| --- | --- | --- | --- |
| 选择特定中转城市去旅游 | 3 | 中转航班机票便宜 | 4 |
| 其他 | 5 | | |

【单选】A53 请问您一般在中转城市停留多久？

| 6小时以内 | 1 | 1天 | 2 |
| --- | --- | --- | --- |
| 1天以上 | 3 | | |

【多选】A54 请问您在该城市，都使用了哪些交通方式？

| 大巴 | 1 | 出租车 | 2 | 地铁/轻轨 | 3 |
| --- | --- | --- | --- | --- | --- |
| 公交车 | 4 | 租车，司机代驾 | 5 | 租车，自己驾驶 | 6 |
| 船舶 | 7 | 火车 | 8 | 自行车 | 9 |
| 其他 | 10 | | | | |

【多选】A55 请问您在交通出行时，都考虑哪些因素？

| 安全性 | 1 | 价格 | 2 |
|---|---|---|---|
| 速度／需花费时间 | 3 | 购票的便利性 | 4 |
| 路线 | 5 | 支付／购票方式 | 6 |
| 交通工具上的标识 | 7 | 道路上的标识 | 8 |
| 是否直达 | 9 | 价格是否标准 | 10 |
| 其他 | 11 | 没有特别的考虑 | 12 |

【填空】A56 请问您在交通出行方面的花费占到旅游总花费的百分之多少？_____%

【多选】A57 请问您出行时，更希望通过哪种方式支付交通费用？

| 现金支付 | 1 | 银联卡刷卡支付 | 2 |
|---|---|---|---|
| Visa 卡或 Master 卡刷卡支付 | 3 | 电子支付，例如微信支付、支付宝、Apple Pay 等 | 4 |
| 其他 | 5 | | |

## 七、游览

【多选】A58 请问您在该城市，都去哪些地方进行了游览？

| 自然风光 | 1 | 历史遗迹 | 2 | 艺术馆／博物馆 | 3 |
|---|---|---|---|---|---|
| 主题公园 | 4 | 大学观光 | 5 | 都市观光 | 6 |
| 知名建筑 | 7 | 重大节庆活动现场 | 8 | 其他 | 9 |

【多选】A59 请问您是如何预订或购买景点门票的？

| 国内旅游网站购买 | 1 | 国内电商网站购买 | 2 |
|---|---|---|---|
| 现场购买 | 3 | 当地网站购买 | 4 |
| 当地代售点购买 | 5 | 同事朋友代为购买 | 6 |
| 其他 | 7 | | |

【单选】A60 请问您在旅游时，会考虑花钱聘请伴游／向导吗？

| 会 | 1 | 不会 | 2 | 不好说 | 3 |
|---|---|---|---|---|---|

【单选】A61 请问您在境外旅游时，如果是参团旅游，会选择自费的项目吗？

| 会 | 1 | 不会 | 2 | 不好说 | 3 |
|---|---|---|---|---|---|

# 中国公民出境（城市）
# 旅游消费市场调查报告
（2015—2016）

【单选】A62 如果是参团旅游，单次旅游行程中，请问您最多可以接受几个自费项目？

| 1个 | 1 | 2~3个 | 2 | 4~5个 | 3 |
|---|---|---|---|---|---|
| 5个以上 | 4 | 无所谓 | 5 | | |

【单选】A63 请问单次境外旅游行程中，每隔几天有一个自费项目比较好？

| 每隔2~3天个 | 1 | 每隔4~5天1个 | 2 | 无所谓 | 3 |
|---|---|---|---|---|---|

【填空】A64 请问您在游览方面的花费（门票等）占到旅游总花费的百分之多少？ ＿＿＿＿%

【多选】A65 请问您出行时，更希望通过哪种方式支付景点门票费用？

| 现金支付 | 1 | 银联卡刷卡支付 | 2 |
|---|---|---|---|
| Visa卡或Master卡刷卡支付 | 3 | 电子支付，例如微信支付、支付宝、Apple Pay等 | 4 |
| 其他 | 5 | | |

【多选】A66 请问您在游览过程中，主要关注哪些方面？

| 景点是否明确定价 | 1 | 是否有中文标识 | 2 |
|---|---|---|---|
| 是否有英文标识 | 3 | 是否有中文导游 | 4 |
| 是否有英文导游 | 5 | 是否有中文自助语音导游机、讲解器 | 6 |
| 是否有英文自助语音导游机、讲解器 | 7 | 是否可以网上购票 | 8 |
| 多景点是否有套票 | 9 | 景区配套设施（餐饮、休息）是否齐全 | 10 |
| 其他 | 11 | 没有特别关注的方面 | 12 |

## 八、购物

【多选】A67 请问您在该城市，都去哪些地方购物了？

| 大型百货商场、购物中心 | 1 | 品牌专营店 | 2 | 免税品店 | 3 |
|---|---|---|---|---|---|
| 折扣店/奥特莱斯 | 4 | 购物街/商业街 | 5 | 旅游景区 | 6 |
| 古董店 | 7 | 其他 | 8 | 没有购物 | 9 |

【单选】A68 请问您在出境旅游之前，购买哪些物品会有一个计划吗？

| 会 | 1 | 不会 | 2 | 不一定 | 3 |
|---|---|---|---|---|---|

**旅游**
让城市生活更美好
Better City Life through Tourism

【多选】A69 请问您在该城市，主要购买了哪些物品？

| 日用品 | 1 | 奢侈品 | 2 | 纪念品 | 3 |
|---|---|---|---|---|---|
| 服饰鞋帽 | 4 | 化妆品 | 5 | 保健用品 | 6 |
| 家用电器 | 7 | 皮具 | 8 | 珠宝首饰 | 9 |
| 当地特产 | 10 | 名酒 | 11 | 其他 | 12 |

【多选】A70 请问您出于什么原因在海外购物？

| 价格便宜 | 1 | 质量好 | 2 | 种类齐全 | 3 |
|---|---|---|---|---|---|
| 有国内未上市的新品 | 4 | 国内品牌有限 | 5 | 购买纪念品 | 6 |
| 出国就需要买点东西 | 7 | 没有特殊原因 | 8 | 其他 | 9 |

【单选】A71 请问您在该城市，在购物方面，合计花了多少钱（人民币）？

| 花费≤3000元 | 1 | 3000元<花费≤5000元 | 2 | 5000元<花费≤10000元 | 3 |
|---|---|---|---|---|---|
| 10000元<花费≤15000元 | 4 | 15000元<花费≤20000元 | 5 | 20000元<花费≤25000元 | 6 |
| 25000元<花费≤30000元 | 7 | 花费>30000元 | | | |

【填空】A72 请问您在购物方面的花费占到旅游总花费的百分之多少？_____%

【多选】A73 请问您购物时，更希望通过哪种方式支付购物费用？

| 现金支付 | 1 | 银联卡刷卡支付 | | | 2 |
|---|---|---|---|---|---|
| Visa卡或Master卡刷卡支付 | 3 | 电子支付，例如微信支付、支付宝、Apple Pay等 | | | 4 |
| 其他 | 5 | | | | |

【单选】A74 请问您这次出境旅游，一共花费多长时间用于购物？

| 不到1天 | 1 | 1天 | 2 |
|---|---|---|---|
| 超过1天 | 3 | | |

【单选】A75 请问您是否办理过退税？

| 办理过 | 1 | 没办理过 | 2 |
|---|---|---|---|

【多选】A76 请问您在购物时，主要关注哪些方面？

| 购物场所地点是否便利 | 1 | 商品种类是否丰富 | 2 |
| --- | --- | --- | --- |
| 商品数量是否充足 | 3 | 商品型号是否充足 | 4 |
| 商品价格是否实惠 | 5 | 是否有中文导购 | 6 |
| 是否有英文导购 | 7 | 是否支持银联刷卡 | 8 |
| 结账速度是否较快 | 9 | 服务人员的服务态度 | 10 |
| 服务人员的专业能力 | 11 | 购物场所的配套（餐饮、休息）是否完善 | 12 |
| 是否可以办理退税 | 13 | 退税起始金额 | 14 |
| 退税办理是否便捷 | 15 | 其他 | 16 |
| 没有特别考虑 | 17 | | |

## 九、娱乐

【多选】A77 您在该城市旅游时，都去了哪些地方进行娱乐？

| 剧场/剧院 | 1 | 晚会/风情园 | 2 | 体育场馆 | 3 |
| --- | --- | --- | --- | --- | --- |
| 酒吧/夜店 | 4 | 赌场 | 5 | 游乐场/主题公园 | 6 |
| 户外探险活动 | 7 | 其他 | 8 | 没有参加任何娱乐活动 | 9 |

【多选】A78 请问您出于什么原因参加娱乐活动？

| 放松心情 | 1 | 体验当地风土人情 | 2 |
| --- | --- | --- | --- |
| 新鲜猎奇 | 3 | 兴趣爱好 | 4 |
| 其他 | 5 | 没有特别原因 | 6 |

【多选】A79 请问您是通过什么方式预定或购买娱乐场所/项目的门票？

| 国内旅游网站购买 | 1 | 国内电商网站购买 | 2 |
| --- | --- | --- | --- |
| 现场购买 | 3 | 当地网站购买 | 4 |
| 当地代售点购买 | 5 | 同事朋友代为购买 | 6 |
| 其他 | 7 | | |

【填空】A80 请问您在娱乐方面的花费占到旅游总花费的百分之多少？_____%

【多选】A81 请问您娱乐时，更希望通过哪种方式支付娱乐费用？

| 现金支付 | 1 | 银联卡刷卡支付 | 2 |
| --- | --- | --- | --- |
| Visa卡或Master卡刷卡支付 | 3 | 电子支付，例如微信支付、支付宝、Apple Pay等 | 4 |
| 其他 | 5 | | |

【多选】A82 请问您参加娱乐活动时，主要关注哪些方面？

| 价格是否标准 | 1 | 是否支持银联卡刷卡 | 2 |
|---|---|---|---|
| 是否有英文标识 | 3 | 是否有中文标识 | 4 |
| 是否提供英文服务 | 5 | 是否提供中文服务 | 6 |
| 其他 | 7 | | |

## 十、旅游安全

【多选】A83 请问您最近一次境外旅游，是否购买了旅游保险？

| 旅行社购买的责任险 | 1 | 游客自行购买的意外赔付险 | 2 |
|---|---|---|---|
| 其他旅行意外健康和医疗救助险种 | 3 | 没有购买以上任何险 | 4 |

【多选】A84 请问您偏好购买以下哪种类型的保险？

| 旅行社责任险 | 1 | 旅游人身意外险 | 2 |
|---|---|---|---|
| 交通工具意外伤害险 | 3 | 旅游救助保险 | 4 |
| 住宿游客人身保险 | 5 | 无特别偏好 | 6 |
| 其他 | 7 | | |

【单选】A85 请问您购买了以下哪种类型保险公司的保险？

| 境内的中资保险公司 | 1 | 境内的外资保险公司 | 2 |
|---|---|---|---|
| 境外的保险公司 | 3 | 其他 | 4 |

【单选】A86 请问您是通过哪个渠道购买旅游保险的？

| 旅行社/旅游网站统一购买或赠送 | 1 | 保险公司的官方网站、网点、代理人等渠道 | 2 |
|---|---|---|---|
| 境外购买 | 3 | 其他 | 4 |

【多选】A87 请问您购买旅游保险的原因有哪些？

| 自觉防范旅游过程中的风险 | 1 | 办理签证时，必须购买保险 | 2 |
|---|---|---|---|
| 在境外，租车、体验某项娱乐活动时必须购买 | 3 | 旅行社/旅游网站统一购买或赠送 | 4 |
| 其他 | 5 | | |

## 十一、传播与分享

【单选】A88 请问您会分享在该城市的旅游经历吗？

| 肯定会 | 1 | 可能会 | 2 | 不好说或不会 | 3 |
|---|---|---|---|---|---|

**【多选】A89 请问您倾向通过什么方式分享在该城市的旅游经历?**

| 微信 | 1 | 微博 | 2 |
|---|---|---|---|
| QQ 空间 | 3 | 博客 | 4 |
| 论坛 | 5 | 旅游点评 APP | 6 |
| 游记攻略 APP | 7 | 口头推荐 | 8 |
| 其他 | 9 | | |

## 十二、再次及推荐旅游

**【单选】A90 请问您会再次前往该城市旅游吗?**

| 肯定会 | 1 | 可能会 | 2 | 不好说或不会 | 3 |
|---|---|---|---|---|---|

**【单选】A91 请问您会向其他人推荐去该城市旅游吗?**

| 肯定会 | 1 | 可能会 | 2 | 不好说或不会 | 3 |
|---|---|---|---|---|---|

**【多选】A92 境外城市推出以下哪些政策,会吸引您前往该城市旅游?**

| 降低签证门槛,简化签证程序,缩短签证审批时间 | 1 | 减免签证费用 | 2 |
|---|---|---|---|
| 提供邮寄或委托代办签证服务 | 3 | 免签/落地签/过境免签 | 4 |
| 针对中国游客提高商品退税比例或折扣比例 | 5 | 其他 | 6 |

**【多选】A93 境外城市开辟以下哪些特色旅游线路,会吸引您前往该城市旅游?**

| 开辟专门的购物旅游线路 | 1 | 推出移民考察线路 | 2 |
|---|---|---|---|
| 根据热门电影/电视剧开辟专门旅游线路 | 3 | 推出留学考察线路 | 4 |
| 当地特色文化旅游线路,如世界遗产游、酒庄游等 | 5 | 其他 | 6 |

**【多选】A94 境外城市开展哪些活动,会吸引您前往该城市旅游?**

| 在中国开展专门宣传推广活动 | 1 | 拍摄针对中国市场的宣传片 | 2 |
|---|---|---|---|
| 邀请明星担任推广大使 | 3 | 开通直飞航班、邮轮或火车 | 4 |
| 派发红包、当地电话卡、购物优惠券等 | 5 | 景点门票优惠 | 6 |
| 开展季节性优惠活动 | 7 | 其他 | 8 |

**【多选】A95 如果境外旅游城市针对中国游客进行营销推广,您认为以下哪些渠道比较好?**

| 开通中文官方网站 | 1 | 开通中文官方微博/微信 | 2 |
|---|---|---|---|
| 开发中文手机客户端(APP) | 3 | 举办推广活动,发放宣传手册、播放宣传片等 | 4 |
| 借助门户网站,如新浪 | 5 | 借助旅游网站,如携程 | 6 |
| 借助旅行社网站 | 7 | 其他 | 8 |

# 旅游
## 让城市生活更美好
### Better City Life through Tourism

**【多选】A96** 如果您再次出境旅游，您会优先考虑选择哪里作为旅游目的地？

| 亚洲 | | | | | |
|---|---|---|---|---|---|
| 香港/澳门/台湾（中国） | 1 | 东京（日本） | 2 | 大阪（日本） | 3 |
| 名古屋（日本） | 4 | 神户（日本） | 5 | 奈良（日本） | 6 |
| 福冈（日本） | 7 | 札幌（日本） | 8 | 冲绳（日本） | 9 |
| 首尔（韩国） | 10 | 釜山（韩国） | 11 | 光州（韩国） | 12 |
| 仁川（韩国） | 13 | 济州岛（韩国） | 14 | 新加坡（新加坡） | 15 |
| 吉隆坡（马来西亚） | 16 | 槟城（马来西亚） | 17 | 马六甲（马来西亚） | 18 |
| 曼谷（泰国） | 19 | 清迈（泰国） | 20 | 芭提雅（泰国） | 21 |
| 金边（柬埔寨） | 22 | 吴哥（柬埔寨） | 23 | 雅加达（印尼） | 24 |
| 万隆（印尼） | 25 | 丹戎潘丹（印尼） | 26 | 加德满都（尼泊尔） | 27 |
| 新德里（印度） | 28 | 孟买（印度） | 29 | 科伦坡（斯里兰卡） | 30 |
| 阿努拉德普勒（斯里兰卡） | 31 | 马尔代夫 | 32 | 阿拉木图（哈萨克斯坦） | 33 |
| 阿斯塔纳（哈萨克斯坦） | 34 | 迪拜（阿联酋） | 35 | 特拉维夫-雅法（以色列） | 36 |
| 耶路撒冷（以色列） | 37 | 安卡拉（土耳其） | 38 | 伊斯坦布尔（土耳其） | 39 |
| 太平洋岛屿 | | | | | |
| 塞班岛（美国） | 40 | 帕劳群岛 | 41 | | |
| 欧洲 | | | | | |
| 伦敦（英国） | 42 | 威尔士（英国） | 43 | 爱丁堡（英国） | 44 |
| 都柏林（爱尔兰） | 45 | 哥本哈根（丹麦） | 46 | 斯德哥尔摩（瑞典） | 47 |
| 奥斯陆（挪威） | 48 | 赫尔辛基（芬兰） | 49 | 阿姆斯特丹（荷兰） | 50 |
| 日内瓦（瑞士） | 51 | 苏黎世（瑞士） | 52 | 柏林（德国） | 53 |
| 汉堡（德国） | 54 | 科隆（德国） | 55 | 慕尼黑（德国） | 56 |
| 法兰克福（德国） | 57 | 卢森堡（卢森堡） | 58 | 布鲁塞尔（比利时） | 59 |
| 巴黎（法国） | 60 | 马里戈特（法国） | 61 | 尼斯（法国） | 62 |
| 马赛（法国） | 63 | 戛纳（法国） | 64 | 波尔多（法国） | 65 |
| 摩纳哥城（摩纳哥） | 66 | 罗马（意大利） | 67 | 米兰（意大利） | 68 |
| 都灵（意大利） | 69 | 比萨（意大利） | 70 | 威尼斯（意大利） | 71 |
| 佛罗伦萨（意大利） | 72 | 那不勒斯（意大利） | 73 | 庞贝古城（意大利） | 74 |
| 雅典（希腊） | 75 | 萨洛尼卡（希腊） | 76 | 尼科西亚（塞浦路斯） | 77 |
| 瓦莱塔（马耳他） | 78 | 马德里（西班牙） | 79 | 巴塞罗那（西班牙） | 80 |
| 塞维利亚（西班牙） | 81 | 里斯本（葡萄牙） | 82 | 维也纳（奥地利） | 83 |
| 布拉格（捷克） | 84 | 布达佩斯（匈牙利） | 85 | 索菲亚（保加利亚） | 86 |

# 中国公民出境（城市）旅游消费市场调查报告
（2015—2016）

| | | | | | | | |
|---|---|---|---|---|---|---|---|
| 普罗夫迪夫（保加利亚） | 87 | 大特尔诺沃（保加利亚） | 88 | 帕莫瑞（保加利亚） | 89 | | |
| 瓦尔纳（保加利亚） | 90 | 明斯克（白俄罗斯） | 91 | 里加（拉脱维亚） | 92 | | |
| 华沙（波兰） | 93 | 莫斯科（俄罗斯） | 94 | 圣彼得堡（俄罗斯） | 95 | | |
| 伏尔加河城市（俄罗斯） | 96 | 远东城市（俄罗斯） | 97 | 贝尔格莱德（塞尔维亚） | 98 | | |
| 美洲 | | | | | | | |
| 华盛顿（美国） | 99 | 洛杉矶（美国） | 100 | 旧金山（美国） | 101 | | |
| 纽约（美国） | 102 | 波士顿（美国） | 103 | 休斯顿（美国） | 104 | | |
| 芝加哥（美国） | 105 | 拉斯维加斯（美国） | 106 | 夏威夷（美国） | 107 | | |
| 科罗拉多大峡谷（美国） | 108 | 尼亚加拉瀑布（美国） | 109 | 黄石公园（美国） | 110 | | |
| 渥太华（加拿大） | 111 | 多伦多（加拿大） | 112 | 温哥华（加拿大） | 113 | | |
| 蒙特利尔（加拿大） | 114 | 尼亚加拉瀑布（加拿大） | 115 | 墨西哥城（墨西哥） | 116 | | |
| 蒙特雷（墨西哥） | 117 | 坎昆（墨西哥） | 118 | 里约热内卢（巴西） | 119 | | |
| 布宜诺斯艾利斯（阿根廷） | 120 | 基多（厄瓜多尔） | 121 | 圣地亚哥（智利） | 122 | | |
| 非洲 | | | | | | | |
| 开罗（埃及） | 123 | 卢克索（埃及） | 124 | 拉巴特（摩洛哥） | 125 | | |
| 菲斯（摩洛哥） | 126 | 卡萨布兰卡（摩洛哥） | 127 | 马拉喀什/撒哈拉沙漠（摩洛哥） | 128 | | |
| 维多利亚（塞舌尔） | 129 | 阿布贾（尼日利亚） | 130 | 突尼斯市（突尼斯） | 131 | | |
| 开普敦（南非） | 132 | 比利陀利亚（南非） | 133 | 内罗毕（肯尼亚） | 134 | | |
| 蒙巴萨（肯尼亚） | 135 | 位于东非的国家公园 | 136 | 位于西非的国家公园 | 137 | | |
| 阿比让（科特迪瓦） | 138 | 达喀尔（塞内加尔） | 139 | | | | |
| 大洋洲 | | | | | | | |
| 悉尼（澳大利亚） | 140 | 墨尔本（澳大利亚） | 141 | 堪培拉（澳大利亚） | 142 | | |
| 布里斯班（澳大利亚） | 143 | 凯恩斯/大堡礁（澳大利亚） | 144 | 惠灵顿（新西兰） | 145 | | |
| 奥克兰（新西兰） | 146 | | | | | | |

【多选】A97 如果您下次出境旅游，会有以下哪些行为？

| | | | | | |
|---|---|---|---|---|---|
| 增加旅游天数 | 1 | 减少旅游城市 | 2 | 增加单个城市的停留天数 | 3 |
| 减少单个城市的停留天数 | 4 | 深度欣赏风光 | 5 | 深度体验人文 | 6 |
| 选择更高品质的酒店 | 7 | 花费更多时间品味当地美食 | 8 | 增加购物时间 | |

【单选】A98 如果您下次出境旅游，您会优先考虑选择哪种旅游方式？

| 参团游 | 1 | 半自由行 | 2 |
| --- | --- | --- | --- |
| 自由行 | 3 | 私人订制 | 4 |

【单选】A99 您下次出境旅游考虑参团游，您会优先考虑选择哪家旅行社？

| 中青旅 | 1 | 中国国际旅行社 | 2 | 中国旅行社总社 | 3 |
| --- | --- | --- | --- | --- | --- |
| 上海春秋国际旅行社 | 4 | 北京神舟国际旅行社 | 5 | 康辉旅行社 | 6 |
| 凯撒旅游 | 7 | 众信旅游 | 8 | 携程旅游 | 9 |
| 同程旅游 | 10 | 途牛旅游 | 11 | 易游天下 | 12 |
| 当地旅行社 | 13 | 其他，请注明 | 14 | 不会选择旅行社 | 15 |

【单选】A100 请问您如何评价以下方面对您旅游成行的作用？

| | 非常重要 | | | | | | | | 非常不重要 | |
| --- | --- | --- | --- | --- | --- | --- | --- | --- | --- | --- |
| A100.1 关于目的地精美的文章、图片和视频 | 10 | 9 | 8 | 7 | 6 | 5 | 4 | 3 | 2 | 1 |
| A100.2 优秀的旅游服务质量 | 10 | 9 | 8 | 7 | 6 | 5 | 4 | 3 | 2 | 1 |
| A100.3 优惠的旅游费用或促销活动 | 10 | 9 | 8 | 7 | 6 | 5 | 4 | 3 | 2 | 1 |
| A100.4 旅游城市使用明星代言，通过电影营销等 | 10 | 9 | 8 | 7 | 6 | 5 | 4 | 3 | 2 | 1 |
| A100.5 当地著名的历史人物、故事、文物古迹 | 10 | 9 | 8 | 7 | 6 | 5 | 4 | 3 | 2 | 1 |

## 十三、满意度评价

【单选】A101 综合考虑各方面因素，请问您对在该城市的旅游是否满意？

| | 非常重要 | | | | | | | | 非常不重要 | |
| --- | --- | --- | --- | --- | --- | --- | --- | --- | --- | --- |
| 旅游整体满意度 | 10 | 9 | 8 | 7 | 6 | 5 | 4 | 3 | 2 | 1 |

【单选】A102 请问您出发前往该城市之前，对以下过程是否满意？

| | 非常重要 | | | | | | | | 非常不重要 | |
| --- | --- | --- | --- | --- | --- | --- | --- | --- | --- | --- |
| 信息查询 | 10 | 9 | 8 | 7 | 6 | 5 | 4 | 3 | 2 | 1 |
| 签证办理 | 10 | 9 | 8 | 7 | 6 | 5 | 4 | 3 | 2 | 1 |

# 中国公民出境（城市）旅游消费市场调查报告
（2015—2016）

【单选】A103 请问您在该城市旅游时，对该城市以下方面是否满意？

|  | 非常重要 —————— 非常不重要 | | | | | | | | | |
|---|---|---|---|---|---|---|---|---|---|---|
| 餐饮 | 10 | 9 | 8 | 7 | 6 | 5 | 4 | 3 | 2 | 1 |
| 酒店入住 | 10 | 9 | 8 | 7 | 6 | 5 | 4 | 3 | 2 | 1 |
| 交通出行 | 10 | 9 | 8 | 7 | 6 | 5 | 4 | 3 | 2 | 1 |
| 游览 | 10 | 9 | 8 | 7 | 6 | 5 | 4 | 3 | 2 | 1 |
| 购物 | 10 | 9 | 8 | 7 | 6 | 5 | 4 | 3 | 2 | 1 |
| 娱乐 | 10 | 9 | 8 | 7 | 6 | 5 | 4 | 3 | 2 | 1 |

【单选】A104 请问旅游对您生活质量和幸福指数的提升有多重要？

|  | 非常重要 —————— 非常不重要 | | | | | | | | | |
|---|---|---|---|---|---|---|---|---|---|---|
| 旅游重要性 | 10 | 9 | 8 | 7 | 6 | 5 | 4 | 3 | 2 | 1 |

## 十四、邮轮旅游

【单选】A105 请问您是否愿意参加海湾（即三面环陆的海洋）或内河的游船观光旅游？

| 愿意 | 1 | 不愿意 | 2 | 不好说 | 3 |
|---|---|---|---|---|---|

【多选】A106 请问您过去通过邮轮都去过哪些地方旅游？

| 东北亚海洋游船 | 1 | 东南亚海洋游船 | 2 | 北美太平洋东岸阿拉斯加海洋游船 | 3 |
|---|---|---|---|---|---|
| 北美西大西洋沿岸海洋游船 | 4 | 加勒比海洋游船 | 5 | 地中海海洋游船 | 6 |
| 北欧沿岸海洋游船 | 7 | 伏尔加河游船 | 8 | 尼罗河游船 | 9 |
| 未选择过邮轮旅游 | 10 | | | | |

【多选】A107 请问刚才提到的哪些地方是您在过去一年去过的？

| 东北亚海洋游船 | 1 | 东南亚海洋游船 | 2 | 北美太平洋东岸阿拉斯加海洋游船 | 3 |
|---|---|---|---|---|---|
| 北美西大西洋沿岸海洋游船 | 4 | 加勒比海洋游船 | 5 | 地中海海洋游船 | 6 |
| 北欧沿岸海洋游船 | 7 | 伏尔加河游船 | 8 | 尼罗河游船 | 9 |

**【多选】A108 如果未来您考虑选择邮轮旅游，您会倾向去哪些地方呢？**

| 东北亚海洋游船 | 1 | 东南亚海洋游船 | 2 | 北美太平洋东岸阿拉斯加海洋游船 | 3 |
|---|---|---|---|---|---|
| 北美西大西洋沿岸海洋游船 | 4 | 加勒比海洋游船 | 5 | 地中海海洋游船 | 6 |
| 北欧沿岸海洋游船 | 7 | 伏尔加河游船 | 8 | 尼罗河游船 | 9 |
| 不会考虑邮轮旅游 | 10 | | | | |

## 十五、特色旅游 / 兴趣旅游

**【多选】A109 以下特色旅游，请问您是否愿意参加？**

| 蜜月游 | 1 | 购物游 | 2 | 邮轮游 | 3 | 博览会 / 展会游 | 4 |
|---|---|---|---|---|---|---|---|
| 亲子游 | 5 | 动漫游 | 6 | 家庭游 | 7 | 极地游（南极 / 北极） | 8 |
| 品酒游 | 9 | 摄影游 | 10 | 火山游 | 11 | 野生动物保护区游 | 12 |
| 徒步 / 野营游 | 13 | 自驾游 | 14 | 沙漠游 | 15 | 空中滑翔 | 16 |
| 狩猎游 | 17 | 骑车游 | 18 | 大学游 | 19 | 空中跳伞 | 20 |
| 博彩游 | 21 | 游艇游 | 22 | 体育赛事游 | 23 | 热气球 | 24 |

**【开放题】A110 为了您更好的境外旅游体验，请问您对境外旅游城市、旅行社、旅游网站等，还有哪些意见和建议？**

## 第三部分 背景资料

**【单选】X1 请选择您所在的省、区、市？**

| 北京 | 1 | 天津 | 2 | 河北 | 3 | 山西 | 4 |
|---|---|---|---|---|---|---|---|
| 内蒙古 | 5 | 辽宁 | 6 | 吉林 | 7 | 黑龙江 | 8 |
| 上海 | 9 | 江苏 | 10 | 浙江 | 11 | 安徽 | 12 |
| 福建 | 13 | 江西 | 14 | 山东 | 15 | 河南 | 16 |
| 湖北 | 17 | 湖南 | 18 | 广东 | 19 | 广西 | 20 |
| 海南 | 21 | 重庆 | 22 | 四川 | 23 | 贵州 | 24 |
| 云南 | 25 | 西藏 | 26 | 陕西 | 27 | 甘肃 | 28 |
| 青海 | 29 | 宁夏 | 30 | 新疆 | 31 | | |

**【单选】X2 请问您的年龄范围是？**

| 20 岁以下 | 1 | 21~25 岁 | 2 | 26~30 岁 | 3 | 31~35 岁 | 4 |
|---|---|---|---|---|---|---|---|
| 36~40 岁 | 5 | 41~45 岁 | 6 | 46~50 岁 | 7 | 51~55 岁 | 8 |
| 56~60 岁 | 9 | 60 岁以上 | 10 | | | | |

# 中国公民出境（城市）旅游消费市场调查报告
（2015—2016）

【单选】X3 请问您的最高学历是？

| 高中及以下 | 1 | 高职/大专 | 2 | 本科 | 3 | 硕士及以上 | 4 |

【单选】X4 请问您的行业是？

| 农林牧渔业 | 1 | 金融业 | 2 | 政府组织和社会组织 | 3 |
|---|---|---|---|---|---|
| 采矿业 | 4 | 房地产业 | 5 | 国际组织 | 6 |
| 制造业 | 7 | 租赁和商务服务 | 8 | 学生 | 9 |
| 电力、燃气及水的生产和供应 | 10 | 科研和地质勘查 | 11 | 自由职业者 | 12 |
| 建筑业 | 13 | 水利、环境和公共设施管理 | 14 | 家庭主妇 | 15 |
| 交通运输、仓储和邮政 | 16 | 居民服务和其他服务 | 17 | 离退休人员 | 18 |
| 互联网、计算机服务和软件业 | 19 | 教育 | 20 | 无工作 | 21 |
| 批发和零售 | 22 | 卫生、社会保障和社会福利 | 23 | 其他 | 24 |
| 住宿和餐饮业 | 25 | 文化、体育和娱乐业 | 26 | | |

【单选】X5 请问以下哪项描述符合您的情况？

| 单身 | 1 | 已婚没有小孩 | 2 |
|---|---|---|---|
| 已婚有10岁及以下孩子 | 3 | 已婚有11~17岁的孩子 | 4 |
| 已婚有18岁以上但没有参加工作的孩子 | 5 | 已婚有已经参加工作的孩子 | 6 |

【单选】X6 请问您的家庭每月总收入（包括各种收入来源）大概在哪个范围（人民币）？

【单选】X7 请问您的个人每月总收入（包括各种收入来源）大概在哪个范围（人民币）？

| 少于5000元 | 1 | 5000~7999元 | 2 | 8000~9999元 | 3 | 10000~14999元 | 4 |
|---|---|---|---|---|---|---|---|
| 15000~19999元 | 5 | 20000~24999元 | 6 | 25000~29999元 | 7 | 30000~34999元 | 8 |
| 35000~39999元 | 9 | 40000~44999元 | 10 | 45000~49999元 | 11 | 50000元及以上 | 12 |

【单选】X8 请问您是否能运用除中文以外的另一种语言进行简单的沟通？

| 是 | 1 | 否 | 2 |

************ 非常感谢您的配合，本次访问到此结束。谢谢！ ************